ÄNGSTE ÜBERWINDEN

Wie Sie Ängste verstehen und überwinden – Angstfrei leben und Panikattacken loswerden u. a. durch Kognitive Verhaltenstherapie, Autogenes Training, Meditation – inkl. Selbsttest

Joel Ludwig

1. Auflage
2020

INHALTSVERZEICHNIS

EINLEITUNG

„Was man zu verstehen gelernt hat, fürchtet man nicht mehr.“
– Marie Curie –

Angst ist eine ganz natürliche Reaktion unseres Körpers auf eine Gefahr. Diese Emotion ist mitunter die am besten erforschte in der Psychologie. Die Veranlagung ist evolutionär. Schon unsere Vorfahren reagierten bei einer Bedrohung mit Furcht. Angst ist eine wichtige Funktion und somit ein natürlicher Schutzmechanismus, denn bei der Konfrontation mit einer Bedrohung schüttet unser Körper bestimmte Hormone aus, die dafür sorgen, dass wir die Gefahr auch erkennen und somit angemessen reagieren können. Angst ist also nicht von vornherein schlecht.

Jedoch kann es aber vorkommen, dass man übertriebene Furcht vor etwas hat und dies auch Auswirkungen auf unser Leben hat. Diese nennt man Phobie. Das Wort Phobie stammt aus dem Griechischen und bedeutet „Schrecken“ oder „Furcht“. Die Phobie ist eine Form der Angststörung, die sich an bestimmte Situationen oder angstauslösende Objekte richtet. Welche Arten von Phobien und generell Ängsten es gibt, erfahren Sie in diesem Ratgeber. Wenn die Furcht jedoch ein Ausmaß annimmt, das über das Normale hinausgeht, sollten Sie sich professionelle Hilfe von einem erfahrenen Therapeuten suchen, der Ihnen helfen kann, aus diesem Kreislauf auszubrechen. Bei einer Angststörung sind Sie gut beraten, wenn Sie sich Unterstützung suchen. Jede Angst wurde irgendwann im Leben, meist in der Kindheit, erlernt. Aber Erlerntes lässt sich wieder verlernen. Und somit hat jeder Mensch die Chance, sich aus seiner ganz persönlichen Angstspirale zu befreien.

Ängste hat jeder Mensch. Und so unterschiedlich wir Menschen sind, so verschieden sind auch Ängste. Es gibt nicht die „eine“ Angst. Denn jeder Mensch hat seine eigene und individuelle Wahrnehmung. Wenn Sie sich fragen „Warum fürchte gerade ich mich so vor dieser Situation, dass ich regelrecht Panik bekomme? Was stimmt denn nicht mit mir?“, können Sie beruhigt sein, denn Sie sind nicht alleine. Mittlerweile ist die Angst zu einer regelrechten Volkskrankheit geworden. Allein in Deutschland gibt es über zwölf Millionen Menschen, die mit Ihnen im selben Boot sitzen. Es gibt auch nicht eine bestimmte Gruppe von Leuten, die übermäßig Furcht empfinden. Vor der Angst ist niemand gefeit. Ob die Angst vor Kriechtieren, Platzangst oder vor Gewitter - jede Angst soll man ernst nehmen und versuchen, sich mit ihr auseinander zu setzen. Da Sie sich diesen Ratgeber gekauft haben, ist der erste Schritt bereits getan. Lassen Sie Ihre Furcht hinter sich und befreien Sie sich davon. Wie dies funktioniert, möchte ich Ihnen hier vermitteln. Sie bekommen einen Einblick in dieses Thema und werden sehen, dass es viele Möglichkeiten gibt, um endlich angstfrei zu sein. Sie erfahren, welche Arten der Angst es gibt, wie sie entsteht und was sie mit unserem psychischen und physischen Körper macht. Zudem erhalten Sie einige Skills, die dabei helfen sollen, Ihre Ängste zu überwinden. Ebenso zeige ich Ihnen, was Sie im Notfall tun können - eine Soforthilfe sozusagen.

WAS BEDEUTET DAS WORT „ANGST"?

Der Begriff „Angst" hat sich seit dem 8. Jahrhundert entwickelt und ist eine Kombination aus dem lateinischen Wort „angere" und dem griechischen Wort „agchein". Übersetzt heißt es soviel wie „würgen" oder „die Kehle zuschnüren". Die Hauptbedeutung des Wortes ist „Enge". Wenn die Angst jedoch krankhaft ist, gibt es einen eigenen Begriff: „Phobie" - dieses Wort stammt aus dem Griechischen und geht auf den griechischen Gott Phobos zurück. Phobos lehrte seinen Feinden das Fürchten. Phobie bedeutet „krankhafte Angst".

Generell ist Angst etwas Positives, weil sie uns ja vor einer drohenden Gefahr warnt und uns nicht blindlings ins Verderben rennen lässt, sofern man die Anzeichen nicht ignoriert. Wirft man einen Blick in die Evolutionsgeschichte, sieht man, dass Furcht unsere Vorfahren vor allerhand Gefahren geschützt hat. Einfach indem der Körper Hormone ausgeschüttet hat und die Menschen dadurch wachsam wurden. Insofern ist eine gewisse Grundangst ja auch nicht schlimm. Problematisch wird es erst, wenn Sie darunter leiden. Denn dann wird die Angst zur Krankheit und kann Ihr Leben sehr stark einschränken.

Seit Jahrhunderten befassen sich viele Psychiater, Psychotherapeuten, Psychologen und Psychoanalytiker mit dem sehr komplexen Thema Angst. Einer der wohl bekanntesten Vertreter ist Sigmund Freud. In seiner ersten Angsttheorie glaubte Freud, dass eine nicht ausgelebte Libido sich in Angst umwandelt. Jahre später ging er davon aus, dass die Angst eine Reaktion auf verbotene Triebe ist. Freud hat wie seine Kollegen Wilfred Bion und Melanie Klein über Jahre hinweg psychoanalytische Angsttheorien entwickelt, mit denen heute viele Therapeuten arbeiten.

URSACHEN UND ENTSTEHUNG VON ANGST

Ob Panikattacken, Phobien, konkrete sowie unkonkrete Ängste - So wie es nicht nur eine Form der Angst gibt, lässt sich auch nicht die „eine“ Ursache für Ängste und Angststörungen feststellen. Durch ein Zusammenspiel von verschiedenen Faktoren werden Ängste ausgelöst. Die Entstehung von Angst setzt eine ganz bestimmte Angstbereitschaft voraus. Jeder Mensch verfügt über die Bereitschaft, Angst zu erleben. Die Art und Weise, wie man auf unbekannte Reize reagiert, nennt man Angstbereitschaft und diese resultiert aus einem Wechselspiel zwischen der genetischen Anlage, den autobiografischen Erinnerungen und neurobiologischen Prozessen.

Ängste gehören zum Leben und sind ganz natürlich. Irgendwann wird jeder einmal Angst verspüren. Es kommt dann darauf an, wie man diese Situation wahrnimmt. Unser natürlicher Schutzmechanismus lässt uns instinktiv unterscheiden, wie wir reagieren. Gehen wir in die Flucht oder in den Kampf? Vor langer Zeit hat uns unser Instinkt oft das Leben gerettet. Da gab es nur zwei Möglichkeiten, entweder sind wir geflohen oder wir haben gekämpft. Jedoch hat sich die Art der Ängste im Verlauf der Zeit geändert. Meist besteht keine wirkliche Gefahr und daher gibt es auch keinen Grund, sich zu ängstigen. Dennoch gibt es Bedrohungen, die in uns eine Furcht auslösen. Wir stehen immer wieder Situationen gegenüber, die Ängste in uns auslösen können.

Seien es Existenzängste, Krankheiten, Verlustängste, Angst vor Krabbeltieren oder vor Spritzen. Angst hat viele Gesichter, und Angst ist nicht gleich Angst. Wodurch manche Ängste entstehen, bleibt sehr oft verborgen. Vor allem, wenn der auslösende Reiz zufällig mit einem Ereignis gekoppelt ist, an das man sich nicht erinnern kann. Genauso kann es sein, dass Sie eine spezifische Angst haben, hinter dieser aber eine völlig andere steht. Oft sind es auch traumatische Erfahrungen aus der Kindheit, die uns im Erwachsenenalter krank machen können.

Eine ganz wichtige Rolle bei Angststörungen spielt die Erziehung. Eine ängstliche Erziehung ist kontraproduktiv für die Entwicklung eines Kindes. Wenn Eltern überfürsorglich sind und das Kind in Watte packen, kann es keine schmerzlichen Erfahrungen machen und demnach lernt es nicht, wie man damit umgeht. Meist waren diese Eltern selbst überbehütete Kinder, die ängstlich erzogen wurden. Und was lernen diese Kinder? Dass die Welt da draußen gefährlich ist, vor der man behütet werden muss. Sowohl die Prägung der Eltern als auch das „Lernen am Modell" begünstigen die Entstehung von Ängsten. Wenn ein Kind beispielsweise immer wieder sieht, wie die Mutter beim Anblick einer Spinne panisch reagiert, ist es wahrscheinlich, dass das Kind ebenfalls Angst vor Spinnen entwickelt.

Das limbische System (auch limbischer Kortex) hat bei der Entstehung von Ängsten eine große Bedeutung. Es ist das Gefühlszentrum unseres Gehirns und ist für das Verständnis der neurobiologischen Ursachen von Angstzuständen und Gefühlen wichtig. Der limbische Kortex ist sozusagen das Zentrum der gemütsbedingten

Antriebe wie zum Beispiel Ärger, Ekel, Wut, Angst, Trauer oder Aggression. Es gibt bestimmte hirnphysiologische Abläufe, die eine Angst bedingen können. Und genau dort setzen Medikamente und auch manche psychotherapeutische Techniken an, da sie den Hirnablauf ein Stück weit regulieren können.

Ängste können aber auch bei verschiedenen Erkrankungen als Begleiterscheinung auftreten. Zum Beispiel bei Herz-Kreislauf-Erkrankungen und Diabetes mellitus. Oft sind sie sogar der Auslöser für psychische Erkrankungen. Bei Depressionen, psychosomatischen Krankheiten, Essstörungen und anderen Krankheiten ist die Angst ein elementarer Bestandteil, der jedoch nicht sofort deutlich wird.

Wie beginnt der Teufelskreis der Angst?

1. **Wahrnehmung** -> Wir nehmen zum Beispiel eine Maus wahr.
2. **Einstellung zur Situation** -> Ist es eine Gefahr oder Chance? Bei ängstlichen Personen resultiert daraus das psychophysiologische Gefühl der Angst. Dies wiederum führt zu psychologischen Veränderungen, die dann sekundär auf der psychosomatischen Schiene - über eine Stressreaktion - wieder den Körper beeinflussen.
3. **Jetzt beginnt das Ganze wieder von vorne** -> Die Wahrnehmung nimmt wahr, dass der Puls erhöht, die Atmung zu heftig und die Muskulatur verspannt ist - und der Teufelskreis beginnt von vorne.

Hier entsteht ein „Circulus vitiosus“ - umgangssprachlich auch Teufelskreis genannt. Das bezeichnet ein System, wo sich mehrere Faktoren gegenseitig verstärken und den

Zustand immer mehr verschlechtern. Aus diesem Kreis kann man selbst nur schwer entrinnen, am besten gelingt es durch therapeutische Hilfe. Neueren Studien zufolge sind ca. 20 % der Ängste behandlungsbedürftig. Aber wo hört die normale Angst auf, und wo beginnt die krankhafte Angst? Wenn folgende Punkte auf Sie zutreffen, sollten Sie sich ärztliche oder psychotherapeutische Hilfe suchen.

Angst wird zur Krankheit:

- wenn sie unangemessen stark ist
- wenn sie zu häufig auftritt und dadurch Ihre Beziehungen leiden
- wenn Sie die Kontrolle verlieren und übermäßig oft darüber nachdenken
- wenn Sie bestimmte Situationen, die Ihnen Angst bereiten, vermeiden
- wenn Sie darunter leiden und Ihre Lebensqualität eingeschränkt wird

Abschließend kann man sagen, dass ein Zusammenspiel von psychologischen, neurologischen und erblichen Faktoren bestimmt, ob sich bei einem Menschen die Angst in einer übersteigerten Form äußert und das Leben erschwert.

WELCHE ARTEN DER ANGST GIBT ES?

Um die Angst zu verstehen und letztendlich überwinden zu können, muss man die unterschiedlichen Formen kennen. Die verschiedenen Arten werden Sie nun im Einzelnen kennenlernen.

Phobische Störungen

Die krankhafte Angst wird Phobie genannt und das Hauptmerkmal ist eine anhaltende, irrationale Furcht vor bestimmten Situationen, Objekten oder Tätigkeiten. Bei der Phobie hat man den dringenden Wunsch, die gefürchtete Situation, Tätigkeit oder das Objekt zu vermeiden. Die Begegnung mit dem Auslöser führt zu einer Angstreaktion, die jedoch unverhältnismäßig ist. Diese Form der Angst zieht eine massive Beeinträchtigung des Lebens nach sich. Obwohl der Phobiker weiß, dass seine Ängste übertrieben sind, kann er sie nicht kontrollieren. Die Folge ist oft, dass sich die Betroffenen immer mehr zurückziehen und somit das Leben stark eingeschränkt ist. Die körperlichen Symptome wie Schweißausbrüche, Herzklopfen oder Zittern sind oft so stark, dass manche Phobiker die Furcht haben, zu sterben. Es gibt verschiedene Formen der Phobie, die sowohl allein als auch kombiniert auftreten können.

Phobien werden wie folgt unterteilt:

- Agoraphobie
- Soziale Phobie
- Spezifische (isolierte) Phobie

Agoraphobie

Der Begriff Agora kommt aus dem Griechischen und bedeutet so viel wie Furcht vor dem Marktplatz. „Agora“ = Marktplatz und „Phobos“ = Angst. Umgangssprachlich wird die Agoraphobie auch Platzangst genannt. Menschen mit einer Agoraphobie haben Angst vor öffentlichen Plätzen. Bei der Agoraphobie hat man Angst vor großen Menschenansammlungen. Sei es in vollen Kinos, beim Schlange stehen im Supermarkt, in vollen Kaufhäusern, im Bus oder auf öffentlichen Plätzen. Der Angst zugrunde liegt hier der Gedanke des Agoraphobikers, dass er bei einem eventuellen Kontrollverlust der Situation ausgeliefert sein könnte. Er befürchtet im Fall einer Panik, nicht schnell genug fliehen zu können, dass er in eine peinliche Situation geraten, oder ohnmächtig und hilflos werden könnte. Somit meidet er, so gut es geht, diese Situationen. Wenn der Betroffene dennoch in so eine Situation gerät, ist eine Panikattacke sehr wahrscheinlich. Bleibt die Erkrankung unbehandelt, kann es dazu kommen, dass der Betroffene irgendwann seine Wohnung nicht mehr verlässt.

Als Ursache für die Entstehung einer Agoraphobie gelten mehrere Einflüsse, die im Zusammenspiel eine Angsterkrankung auslösen. Auslösende Faktoren können traumatische Ereignisse - wie ein Unfall oder der Tod eines geliebten Menschen - sein, die den Ausbruch der Störung begünstigen.

Einige Symptome bei der Agoraphobie:

- Bauchschmerzen - Übelkeit und Erbrechen
- Brustschmerzen - Druck und Enge in der Brust
- Entfremdungsgefühle - Gefühl, dass alles unwirklich ist

- Erstickungsgefühle
- Herzrasen
- Kloß im Hals
- Kälteschauer oder Hitzewallungen
- Ohnmachtsgefühl
- Panik bei der Konfrontation
- Schwindel
- Vermeidungsverhalten

Therapie bei der Agoraphobie:

Bei der Agoraphobie wird meist eine Kombination von Medikamenten und Psychotherapie angewandt. Im Rahmen einer Verhaltenstherapie wird auch eine Konfrontationstherapie durchgeführt. Das heißt, der Therapeut sucht gemeinsam mit dem Phobiker die gefürchtete Situation auf. Bei der Therapie lernt der Patient anfangs Entspannungsverfahren, die er dann in jeder Situation anwenden kann. Die Agoraphobie kann man medikamentös behandeln. Die Medikamente heilen die Angst nicht, sondern lindern lediglich die Symptome.

Soziale Phobie

Vereinfacht lässt sich sagen, die Sozialphobie ist die Furcht vor Menschen. Bei den meisten Soziophobikern liegen Bindungsstörungen aus der frühen Kindheit vor. Das Hauptmerkmal bei der sozialen Phobie ist eine anhaltende und irrationale Angst, sich in Gegenwart anderer Menschen peinlich zu verhalten und im Mittelpunkt der Aufmerksamkeit zu stehen. Der Phobiker hat Angst vor sozialen Situationen. Dies kann ein Essen mit Freunden sein oder eine Rede bei einer Hochzeit zu halten. Der Betroffene fürchtet sich davor, dass er sich in

Gegenwart anderer in irgendeiner Art und Weise blamiert, beispielsweise durch Rülpsen. Oder dass er bei einem Gespräch etwas sagt, was die anderen als peinlich empfinden könnten. Und genau aus dieser Furcht heraus versucht der Soziophobiker solche Gegebenheiten zu vermeiden, was natürlich wieder den berühmten Teufelskreis in Gang setzt. Ein gutes Beispiel, um Ihnen die Sozialphobie zu erklären, ist folgendes: >> Sie sind auf einer Party mit vielen Leuten und diese Tatsache allein macht Sie schon nervös, weil Sie denken, dass jeder im Raum Sie beobachtet. Sie halten ein Glas in der Hand, und weil die Feier an sich bei Ihnen schon Unbehagen ausgelöst hat, zittern Ihre Hände. Sie sind nun der Meinung, dass Sie so nicht trinken können, weil das Zittern jedem auffallen würde und Sie womöglich für einen Alkoholiker gehalten werden könnten. Also halten Sie das Glas mit beiden Händen und führen es zum Mund. Für Sie ist das die einzige Möglichkeit ohne Zittern zu trinken. << Ein gesunder Mensch würde nie auf die Idee kommen, dass irgendjemand ihm beim Trinken zusieht. Bei der Sozialphobie kann die Furcht so groß sein, dass es in solchen Situationen zu einer Panikattacke kommt.

Wie genau sich eine Sozialphobie entwickelt, ist noch nicht vollständig geklärt. Man geht davon aus, dass eine erbliche Veranlagung für Schüchternheit eine der Ursachen ist. Untersuchungen ergaben, dass Menschen mit einer Sozialphobie häufig bereits in der Kindheit ängstliches Verhalten zeigten. Ebenso sollen Erlebnisse aus der Kindheit, die für den Betroffenen traumatisch waren, eine der Ursachen sein. Zum Beispiel ein „Bloßstellen vom Lehrer“ und das damit verbundene Auslachen der Mitschüler. Weitere Ursachen können unter anderem sein, dass der Phobiker in Gegenwart anderer Personen etwas Unangenehmes erlebt hat, zum Beispiel Erbrechen in der Öffentlichkeit. Durch die Furcht, dass so etwas wieder passieren könnte, vermeidet der Soziophobiker die Öffentlichkeit. Oder er hat nicht gelernt, sich in Gesellschaft anderer wohl zu fühlen. Aus diesem Unwohlsein heraus benimmt sich der Betroffene unangemessen und erfährt so negative Aufmerksamkeit, die ihn dann noch unwohler fühlen lässt. Auch die Angst ein Gespräch zu beginnen oder Kontakt mit dem anderen Geschlecht aufzunehmen, kann sehr lähmend sein. Die Angst ist durch den Mangel an sozialen Fertigkeiten bedingt. Auch irrationale Überzeugungen können eine Ursache der Soziophobie sein. Menschen mit irrationalen Überzeugungen sind in ständiger Sorge, wie sie bei anderen Leuten ankommen.

Einige Symptome bei der Sozialphobie:

- Bauchschmerzen - Übelkeit und Erbrechen
- Durchfall
- Erröten, Blässe
- Stottern
- Übermäßiges Schwitzen
- Zittern

Therapie bei Sozialphobie

Bei der Soziophobie gibt es verschiedene Therapiemethoden, wie Reizüberflutung, Selbstsicherheitstraining, systematische Desensibilisierung oder eine aufdeckende Psychotherapie. Es ist auch eine medikamentöse Behandlung möglich. Vorzugsweise werden Antidepressiva verschrieben. Jedoch verspricht die Behandlung mit Medikamenten langfristig gesehen leider keinen Erfolg.

Vor allem wenn die Gründe, die zu dieser Angst führten, nicht beseitigt werden. Insofern kommt die Angst nach Absetzen der Medikamente wieder.

Spezifische Phobien

Spezifische oder auch isolierte Phobien sind übertriebene Ängste vor einem bestimmten Objekt oder einer bestimmten Situation. Solange der Phobiker nicht mit der Situation oder dem Objekt konfrontiert wird, besteht auch keine Furcht. Es gibt insgesamt über 250 spezifische Phobien. Typische Ängste dieser Art sind die Angst vor bestimmten Tieren, vor geschlossenen Räumen, vor der Dunkelheit, vor Spritzen, Höhenangst, Flugangst, Angst vor Naturgewalten, Prüfungsangst und vieles mehr. Es gibt kaum ein Thema, wo sich keine Angst finden lässt. Diese Art der Phobie ist sehr weit verbreitet und der Betroffene weiß auch, dass diese Angst unbegründet ist.

Bei spezifischen Ängsten sind die Ursachen meist nicht bekannt. Möglich sind angeborene Reaktionsweisen ein Grund, um so eine Angstform zu entwickeln. Menschen, die eine hohe Angstbereitschaft haben, reagieren viel schneller mit Angst. Unter anderem wird auch das „Lernen am Modell", das bedeutet, dass der Betroffene ein Vorbild für die Angst hatte, als Ursache gesehen. Wenn zum Beispiel die Mutter eines Kindes, welches später eine isolierte Angst entwickelt, Angst vor einem bestimmten Objekt oder einer bestimmten Situation gehabt hat, dann hat sie diese Furcht an ihr Kind weitergegeben. Zum Beispiel hat die Mutter panische Angst vor einem Gewitter, dann wird das Kind dieses Verhalten durch das „Modelllernen" nachahmen. Aber auch durch ein traumatisches Erlebnis verändern wir unsere Einschätzung der Gefährlichkeit einer bestimmten

Situation. Wenn wir von einem Hund gebissen werden, verändern wir unsere Sichtweise. Wir halten von diesem Zeitpunkt an jeden Hund für gefährlich, auch wenn wir bis zu diesem einen Erlebnis noch nie ein Problem mit Hunden gehabt haben. Jedes Mal, wenn wir nun einem Hund begegnen, rechnen wir mit der Möglichkeit einer Wiederholung und fürchten uns vor einer erneuten Konfrontation damit. Bei all diesen isolierten Phobien gibt es eine Gemeinsamkeit. Wir schätzen eine Situation für gefährlich ein, von der keine Gefahr ausgeht.

Einige Symptome bei der spezifischen Phobie:

- Atemnot
- Brustschmerzen - Druck und Enge in der Brust
- Bauchschmerzen - Übelkeit und Erbrechen
- Erstickungsgefühle
- Herzrasen, Herzklopfen, unregelmäßiger Herzschlag
- Kälteschauer oder Hitzewallungen
- Kloß im Hals
- Kribbeln oder Taubheitsgefühle
- Mundtrockenheit
- Ohnmachtsgefühle
- Panikattacken
- Schweißausbrüche
- Zittern

Therapie bei spezifischen Phobien

Die spezifischen Phobien sind sehr weit verbreitet, führen jedoch selten zum Besuch eines Arztes oder Therapeuten. Denn gemein ist diesen Ängsten, dass man die Konfrontation mit der vermeintlichen Gefahr vermeiden kann. Etwas anderes ist aber die Zahnarztphobie, an der sehr viele Menschen leiden. Dieser Furcht kann man zwar lange ausweichen, aber eines Tages wird es dann doch soweit sein, weil man starke Zahnschmerzen bekommt und die Schmerzmittel wirkungslos werden. Ein Sonderfall der spezifischen Phobien ist die Angst vor Blut, Verletzungen und Spritzen (auch Hämaphobie oder Blutphobie genannt), denn diese kann so stark ausgeprägt sein, dass es zu einer biphasischen Reaktion kommt. Zunächst steigen Puls und Blutdruck an, um danach abrupt abzufallen. Somit kommt es zu einer Verlangsamung des Herzschlags und zur Ohnmacht. Generell ist es von Vorteil, auch bei den spezifischen Phobien eine Therapie zu machen. Vor allem bei den erwähnten Sonderfällen. Zu den Interventionsmethoden gehören die Hypnose, Reizüberflutung oder eine systematische Sensibilisierung.

Generalisierte Angststörung

Das Hauptmerkmal bei dieser Form der Angst ist eine anhaltende allgemeine Angst, die nicht an bestimmte Objekte oder Situationen gebunden ist und über einen längeren Zeitraum anhält. Das heißt, Menschen mit dieser Störung leben in ständiger Sorge, dass ihnen selbst oder ihren Liebsten etwas zustoßen könnte. Jeder Mensch macht sich in gewissen Situationen Gedanken über die Zukunft, sei es bei privaten oder beruflichen Beziehungen. Bei der generalisierten Angststörung (GAS) sind diese Sorgen jedoch ungewöhnlich stark und beeinträchtigen das Leben des Betroffenen massiv. Diagnostiziert wird diese Störung, wenn die innerliche Anspannung und Sorge von alltäglichen Situationen und Ereignissen über einen längeren Zeitraum – mindestens sechs Monate – besteht und verschiedene Symptome vorliegen.

Wodurch die GAS ausgelöst wird, ist nicht genau bekannt. Man vermutet genetische Einflüsse, traumatische Lebenserfahrungen, ein Ungleichgewicht von Botenstoffen im Gehirn, sowie eine unsichere Bindung zu den Bezugspersonen in der Kindheit.

Einige Symptome bei der generalisierten Angststörung:

- Angst, verrückt zu werden
- Anspannung
- Erröten, Blässe
- Feuchte, kalte Hände
- Kälteschauer oder Hitzewallungen
- Herzrasen
- Innere Unruhe
- Muskelverspannungen
- Nervosität
- Ruhelosigkeit
- Schlafstörungen
- Schwitzen
- Spannungskopfschmerzen
- Übelkeit
- Überwachheit

Therapie bei der generalisierten Angststörung

Bei der GAS gibt es verschiedene Therapieansätze, um diese Störung gut in den Griff zu bekommen. Bei der medikamentösen Therapie werden bevorzugt

Antidepressiva verschrieben, die beruhigend und angstlösend wirken. Da bei dieser Art von Angststörung zusätzlich noch andere psychische Erkrankungen, wie etwa Depressionen auftreten, empfiehlt sich eine Kombination aus Psychotherapie und Medikamenten. Das Ziel der Therapie ist das Erlernen von Fertigkeiten, die es ermöglichen, Sorgen und Ängste zu erkennen und zu hinterfragen.

Zwangsstörungen

Zwangsstörungen gehören ebenfalls zu den Angststörungen und die wesentlichen Merkmale sind immer wiederkehrende Zwangsgedanken und Zwangshandlungen. Für Menschen mit einer Zwangsneurose besteht ein innerer Drang, bestimmte Dinge zu denken oder zu tun. Sie wissen, dass ihr Verhalten unsinnig ist, können es aber nicht unterdrücken. Diese beiden Störungsarten - Zwangsgedanken sowie Zwangshandlungen - können zwar einzeln auftreten, jedoch finden sich beim Großteil der Betroffenen beide Arten. Durch die große Bandbreite der Symptome hat fast jeder Erkrankte ein individuelles Symptombild.

Die Ursachen der Zwangsstörung sind nicht ganz klar. Vermutet werden mehrere Faktoren, die bei der Entstehung eine Rolle spielen. Eine genetische Disposition, biologische und psychologische Faktoren sollen Einfluss auf die Entstehung haben. Die Vertreter der Tiefenpsychologie zum Beispiel sehen die Ursache dieser Störung in der frühkindlichen Entwicklung und der damit verbundenen Erziehung.

Zwangsgedanken

Beim sogenannten Grübelzwang hat der Betroffene ständig wiederkehrende Gedanken oder Befürchtungen, die er nicht unterdrücken kann. Diese Impulse werden als störend empfunden, lassen sich aber nicht einfach ausblenden. Hier handelt es sich häufig um Vorstellungen und Gedanken, die Schuldgefühle hervorrufen.

Einige Symptome der Zwangsgedanken:

- Zwanghafte Angst, dass die Gesundheit gefährdet sein könnte
- Beschmutzungsangst -> Der Betroffene ist ständig von der Angst geplagt, sich beim Kontakt mit Menschen oder Gegenständen zu beschmutzen. Er vermeidet Hände schütteln, benutzt keine fremden Toiletten und ist ständig am Desinfizieren.
- Zwangsbefürchtungen -> Hier sind folgende Gedankengänge zu beobachten: „Habe ich den Herd ausgemacht?" „Sind die Fenster und Türen geschlossen?"
- Zwangsvorstellungen -> Vor dem inneren Auge des Betroffenen tauchen ständig tatsächliche oder auch nur in der Fantasie stattgefundene Ereignisse auf. Zum Beispiel die Vorstellung, dass das Kind von einem Auto überfahren wird.
- Zwangsbefürchtungen -> Hier hat der Betroffene Angst, dass ihm in Gegenwart anderer etwas Peinliches passiert. Er denkt „Hoffentlich muss ich nicht laut pupsen!"
- Gedankengänge wie „Was geschieht, wenn mein Mann plötzlich stirbt? Werde ich dann alleine zurechtkommen?" oder „Wenn ich arbeitslos werde,

kann ich mir die Wohnung nicht mehr leisten. Wo soll ich dann hin?“

Zwangshandlungen

Zwangsrituale sind der unwiderstehliche Drang, bestimmte Handlungen immer und immer wieder zu vollziehen. Die Zwangshandlungen haben den Zweck, Angst zu reduzieren und dienen dazu, einem eventuellen Ereignis, das Unheil anrichtet, vorzubeugen. Beim Waschzwang beispielsweise bauen die Betroffenen durch das ständige Waschen die Angst vor Bakterien und Infektionen ab. Wohlwissend, dass diese Handlungen nicht sinnvoll sind, kann die Person diesem Drang nicht widerstehen.

Einige Symptome der Zwangshandlungen:

- Kontrollzwang -> Die Person kontrolliert ständig, ob der Herd oder das Bügeleisen ausgeschaltet sind oder die Haustüre geschlossen ist. Beim Verlassen der Wohnung kontrolliert er beispielsweise, ob der Herd auch kalt ist, indem er auf die Herdplatte greift und die Drehknöpfe kontrolliert. Oder er schließt die Haustüre ab, kontrolliert das und will sich auf den Weg machen. Nach einigen Schritten geht er wieder zurück und prüft nochmal, ob die Türe auch wirklich geschlossen ist.
- Ordnungszwang -> Der Betroffene ist erpicht darauf, dass eine bestimmte Ordnung herrscht. Etwa auf dem Schreibtisch, da liegen alle Schreibutensilien in einer bestimmten Anordnung. Gerät auch nur eines der Dinge versehentlich durcheinander - ein Stift liegt nicht in einem exakten Abstand zum Radiergummi - muss der Betroffene dies sofort korrigieren.

- Waschzwang -> Hier werden die Hände bei jeder Gelegenheit gewaschen, da der Betroffene den Eindruck hat, seine Hände sind schmutzig.
- Wiederholzwang -> Alle Handlungen und Tätigkeiten werden in einer bestimmten Anzahl wiederholt.
- Zählzwang -> Ob es Personen sind, bei denen er vorbeigeht oder Bücher im Regal - der Betroffene verspürt den Drang, immer wieder zu zählen.
- Zwangsrituale -> Bestimmte Handlungen müssen in der richtigen Reihenfolge getätigt werden. Etwa in einer bestimmten Art aus dem Bett zu steigen, in einer bestimmten Schrittfolge ins Bad zu gehen oder das Essen in abgezählten Bissen zu sich zu nehmen - alles muss genau aneinandergereiht werden.

Therapie bei der Zwangsstörung

Die Therapie richtet sich immer nach dem Schweregrad sowie der Art der Störung. Generell ist eine Kombination aus Medikamenten und Psychotherapie am wirksamsten. Speziell die kognitive Verhaltenstherapie gilt als vielversprechend. Ein Bestandteil dieser Therapie ist „Exposition und Reaktionsmanagement". Dabei wird der Betroffene mit dem angstauslösenden Reiz konfrontiert und unter therapeutischer Begleitung daran gehindert, in seiner altbewährten Weise zu reagieren. Nur so kann der Erkrankte die Erfahrung machen, dass keine negativen Folgen, die er befürchtet, eintreten.

Panikstörung

Eine weitere Angststörung ist die Panikstörung. Hierbei handelt es sich um wiederholte Panikattacken. Das Hauptmerkmal bei der Panikstörung ist die Angst wahnsinnig zu werden bzw. die Angst zu sterben. Diese Störung kann auch im Rahmen der Agoraphobie auftreten. Bei der Panikstörung handelt es sich um eine heftige, anfallartige und ohne erkennbaren Grund auftretende Angststörung. In dieser Situation erlebt der Betroffene diese Panik als lebensbedrohlich. Eine Panikattacke beginnt ganz plötzlich und steigert sich innerhalb weniger Minuten auf das Höchstmaß. Symptome sind Hitzewallungen, Beklemmungsgefühle, Zittern und Herzrasen. Es können auch Atemnot und ein Ohnmachtsgefühl auftreten. Bei einer Panikattacke hat der Patient eine extreme Angst, die sich zu einer Todesangst entwickeln kann. Bei der ersten Panikattacke meint der Betroffene oft, einen Herzinfarkt zu bekommen. So eine Attacke dauert meist nur einige Minuten, kann aber im Extremfall auch einige Stunden anhalten. Nach einer Panikattacke fühlen sich die Betroffenen erschöpft und müde. Auch die Häufigkeit der Panikattacke ist unterschiedlich, sie kann zwischen mehrmals am Tag bis zu mehrmals monatlich schwanken. Es stellt sich hier oft eine „Angst vor der Angst“ ein. Der Betroffene lebt sozusagen in der Erwartung und Angst vor der nächsten Attacke. Eine Panikattacke kann völlig überraschend kommen, beispielsweise wenn man auf der Couch liegt und fernsieht. Möglich ist auch eine bestimmte Situation - Schlange stehen oder Menschenmengen - die eine Attacke auslösen. Sogar im Schlaf kann eine Panikattacke auftreten, sodass der Betroffene davon aufwacht. Manchmal ist die Panikstörung derartig schwer, dass die Betroffenen ihr vertrautes Umfeld kaum noch verlassen.

Die Ursachen der Panikstörung sind mit denen der Agoraphobie vergleichbar. Auch bei dieser Form der

Angststörung gibt es nicht nur eine einzige Ursache. Vielmehr ist es ein Zusammenspiel mehrerer Faktoren, die das Entstehen einer Panikstörung begünstigen. Auch hier wird eine Kombination aus unbewussten Ängsten und einer gestörten Aktivität der Botenstoffe in bestimmten Hirnregionen vermutet. Wissenschaftler gehen auch davon aus, dass frühkindliche Traumata eine Ursache für spätere Angsterkrankungen sind. Panikattacken können jedoch auch als ein Symptom körperlicher Erkrankungen auftreten, etwa bei Herzerkrankungen, Schilddrüsenerkrankungen oder Erkrankungen der Nebennieren.

Einige Symptome der Panikstörung:

- Angst, verrückt zu werden oder die Kontrolle zu verlieren
- Atembeschwerden
- Bauchschmerzen - Übelkeit und Erbrechen
- Benommenheitsgefühl
- Blässe
- Brustschmerzen - Druck und Enge in der Brust
- Entfremdungsgefühle - Gefühl, dass alles unwirklich ist
- Erstickungsgefühle
- Gefühllosigkeit, Kribbelgefühle
- Herzrasen
- Hitzewallungen und Kälteschauer
- Mundtrockenheit
- Ohnmachtsgefühle
- Schnellatmung
- Schweißausbrüche
- Schwindel, Schwäche, Unsicherheit

- Todesangst
- Übelkeit, Missempfindungen im Magen
- Weitstellung der Pupillen
- Zittern

Therapie bei der Panikstörung

Unbehandelt verschwindet eine Panikstörung nicht, sondern es kommt zu einer Chronifizierung. Die beste Behandlung ist hier auch eine Kombination aus Psychotherapie und Medikamenten. Bei der medikamentösen Behandlung der Panikstörung sind Antidepressiva und/oder angstlösende Medikamente die Mittel der ersten Wahl. Die wirksamste Psychotherapieform soll die kognitive Verhaltenstherapie sein. Hier lernt der Betroffene Situationen, die eine Panikattacke verursachen, nicht zu meiden, sondern mit verschiedenen Übungen und Entspannungstechniken zu reagieren. Zudem lernt er zu erkennen, wann die Ängste unbegründet sind. Das Ziel dieser Therapieform ist, die Denkmuster zu erkennen und zu verändern. Die Angst soll sich in angstauslösenden Situationen verringern. Zum Beispiel würde eine Person, die an einer Angsterkrankung leidet, einen harmlosen und etwas schnelleren Herzschlag sofort als Anzeichen einer Herzerkrankung vermuten. Dieser Gedanke würde schon reichen, um eine Panikattacke auszulösen. Durch die kognitive Verhaltenstherapie lernt die Person so eine Situation neu und anders zu bewerten und dieses Herzklopfen als eine normale Reaktion bei körperlicher Anstrengung zu sehen.

Nun haben Sie einen Überblick über die verschiedenen Arten der Angst bekommen.

Fassen wir noch einmal die unterschiedlichen Angstformen zusammen:

- **Phobische Störungen**
  1. Agoraphobie
  2. Soziale Phobien
  3. Spezifische Phobien

- **Generalisierte Angststörung**

- **Zwangsstörungen**
  1. Zwangsgedanken
  2. Zwangshandlungen

- **Panikstörung**

BIN ICH NUR EIN HASENFUSS ODER IST MEINE ANGST SCHON KRANK?

In diesem Kapitel können Sie überprüfen, ob Ihre Angst noch normal ist oder schon behandlungsbedürftig. Bedenken Sie jedoch, mit diesen Selbsttests wird KEINE Diagnose erstellt, sondern dient lediglich als Anhaltspunkt. Eine eindeutige Diagnose kann nur ein Facharzt für Psychiatrie oder ein Psychotherapeut stellen!

Phobische Störungen

Agoraphobie Test

Dieser Test gibt Ihnen Hinweise, ob Sie an einer Agoraphobie leiden könnten.

Verspüren Sie eine Angst, wenn Sie sich in einer oder mehreren der folgenden Situationen befinden oder meiden Sie diese?

- Schlange stehen im Supermarkt
- Menschenansammlungen
- Öffentliche Plätze
- Veranstaltungen wie Konzerte oder Kino
- in Kaufhäusern, Restaurants, Arzt
- Sie scheuen sich davor, die eigene Wohnung zu verlassen
- Reisen mit Bus/Bahn/Flugzeug

Haben Sie bei der gefürchteten Situation mindestens zwei der folgenden Symptome?

- Bauchschmerzen - Übelkeit und Erbrechen
- Brustschmerzen - Druck und Enge in der Brust
- Entfremdungsgefühle - Gefühl, dass alles unwirklich ist
- Erstickungsgefühle
- Herzrasen
- Kloß im Hals
- Kälteschauer oder Hitzewallungen
- Ohnmachtsgefühl
- Panik bei der Konfrontation
- Schwindel
- Vermeidungsverhalten

Haben Sie in bestimmten Situationen die Angst:

- verrückt zu werden
- die Kontrolle zu verlieren
- sterben zu müssen
- ohnmächtig zu werden
- hilflos zu sein
- ersticken zu müssen
- dass Ihnen in der Öffentlichkeit etwas Peinliches passieren könnte

Wird Ihnen allein beim Gedanken an eine dieser genannten Situationen schon mulmig?

Führt Ihre Angst zu Einschränkungen im Beruf und/oder im Privatleben?

Nehmen Sie zur Beruhigung Medikamente ein, trinken Alkohol oder nehmen Sie Drogen?

Belastet Sie Ihre Angst?

Haben Sie das Gefühl, dass Sie sich von der Außenwelt zurückziehen?

Waren Sie aufgrund der körperlichen Beschwerden schon einmal beim Arzt und konnten organische Ursachen ausgeschlossen werden?

Auswertung:

Können Sie mehrere Fragen mit JA beantworten, deutet dies auf eine Agoraphobie hin. Die genaue Diagnostik erstellt nur der Facharzt oder Psychotherapeut.

Soziale Phobie Test

Dieser Test gibt Ihnen Hinweise, ob Sie an einer sozialen Phobie leiden könnten.

Haben Sie Angst, von anderen Menschen kritisiert oder abgelehnt zu werden?

Meiden Sie Situationen, in denen Sie im Mittelpunkt stehen?

Haben Sie Angst, dass Sie sich in der Öffentlichkeit unangemessen oder peinlich verhalten könnten?

Verspüren Sie in mindestens einer der folgenden Situationen Angst?

- in der Öffentlichkeit trinken oder essen

- eine Rede zu halten, zum Beispiel bei einer Hochzeit
- Teilnahme an Veranstaltungen oder Festen
- schreiben, wenn jemand zusieht
- gesehen zu werden, wenn Sie auf die Toilette gehen
- Unterhaltungen zu führen

Haben Sie mindestens eines der folgenden Symptome, wenn Sie sich in einer dieser genannten Situationen befinden?

- Atemnot
- Bauchschmerzen - Übelkeit und Erbrechen
- Engegefühl im Brustbereich
- Durchfall
- Erröten, Blässe
- Schwindel
- Stottern
- Schweißausbrüche
- Zittern

Verspüren Sie in diesen Situationen die Angst:

- verrückt zu werden
- die Kontrolle zu verlieren
- sterben zu müssen
- ohnmächtig zu werden
- hilflos zu sein
- ersticken zu müssen
- dass etwas Peinliches passiert
- auszurasten

Halten Sie die Angst und Ihr Verhalten in diesen Situationen für übertrieben und unangemessen?

Fühlen Sie sich durch diese Angst eingeschränkt in Ihrem Alltag?

Beeinträchtigt Ihre Angst Ihren beruflichen Alltag?

Belastet Sie Ihre Angst?

Dauert die Angst schon mehrere Monate?

Haben Sie durch Ihre Angst Probleme mit Ihrem Partner oder Ihrer Familie?

Löst bei Ihnen bereits die Vorstellung an ein Essen im Freundeskreis schon Angst aus?

Versuchen Sie sich zu beruhigen, indem Sie Alkohol trinken oder Beruhigungsmittel nehmen?

Auswertung:
Je öfter Sie mit JA antworten konnten, umso mehr deutet dies auf eine soziale Phobie hin. Die genaue Diagnostik erstellt nur der Facharzt oder Psychotherapeut.

Spezifische Phobie Test

Dieser Test gibt Ihnen Hinweise, ob Sie an einer spezifischen Phobie leiden könnten. Da sich die spezifischen Phobien aber auf sehr viele Objekte und Situationen beziehen können, kann es sein, dass Ihre Phobie hier nicht aufgelistet wird. Jedoch wird Ihnen der Test erste Hinweise geben können, ob Sie unter einer isolierten Phobie leiden.

Haben Sie Angst vor einer oder mehreren der folgenden Situationen/Objekte?

- Höhe
- Fahrstühlen
- Tunnel
- Fliegen
- Gewitter
- Naturkatastrophen wie Erdbeben, Lawinen
- Dunkelheit
- geschlossenen Räumen
- öffentlichen Toiletten
- Verletzungen/Blut
- Injektionen/Spritzen
- Ärzten/Zahnärzten
- schweren Erkrankungen wie Krebs
- Infektionen
- Prüfungen
- Schulen
- Clowns
- Spinnen
- Mäusen
- Schlangen
- Insekten
- Hunden
- Vögel

Haben Sie eines oder mehrere der folgenden Symptome, wenn Sie an diese Objekte und Situationen denken?

- Atemnot

- Brustschmerzen - Druck und Enge in der Brust
- Bauchschmerzen - Übelkeit und Erbrechen
- Erstickungsgefühle
- Herzrasen, Herzklopfen, unregelmäßiger Herzschlag
- Kälteschauer oder Hitzewallungen
- Kloß im Hals
- Kribbeln oder Taubheitsgefühle
- Mundtrockenheit
- Nervosität, Unruhe
- Ohnmachtsgefühle
- Schwindel
- Panikattacken
- Schweißausbrüche
- Zittern

Begegnen Sie diesen Objekten oder Situationen mit starker Angst oder meiden Sie diese komplett?

Verschlimmert sich die Angst, je näher Sie dem Objekt oder der Situation kommen?

Verspüren Sie den Impuls, sofort zu flüchten, wenn Sie das Objekt sehen oder in diese Situation kommen?

Ängstigt Sie allein schon der Gedanke an ein Objekt oder eine Situation?

Versuchen Sie sich zu beruhigen, indem Sie Alkohol trinken oder Beruhigungsmittel nehmen?

Erleben Sie Ihre Angst als sehr belastend?

Dauert die Angst schon mehrere Monate?

Haben Sie durch Ihre Angst Probleme mit Ihrem Partner oder Ihrer Familie?

Haben Sie den Eindruck, dass Sie bei der Konfrontation mit dem gefürchteten Objekt oder der Situation übertrieben reagieren?

Auswertung:
Wenn Sie mehrere der Fragen mit JA beantworten konnten, deutet dies auf eine spezifische Phobie hin. Die genaue Diagnostik erstellt nur der Facharzt oder Psychotherapeut.

Generalisierte Angststörung

Generalisierte Angststörung Test

Dieser Test gibt Ihnen Hinweise, ob Sie möglicherweise an einer GAS leiden könnten.

Machen Sie sich seit mindestens sechs Monaten viele Sorgen, die Ihre Familie, Kinder oder Gesundheit betreffen? Sie sind deswegen angespannt, überfürsorglich und angsterfüllt?

Leiden Sie seit mindestens sechs Monaten an folgenden Symptomen?

- Angst, verrückt zu werden
- Anspannung

- Erröten, Blässe
- Feuchte, kalte Hände
- Kälteschauer oder Hitzewallungen
- Herzrasen
- Innere Unruhe
- Muskelverspannungen
- Nervosität
- Ruhelosigkeit
- Schlafstörungen
- Schwitzen
- Spannungskopfschmerzen
- Übelkeit
- Überwachheit

Beeinträchtigen Ihre Sorgen Ihren Alltag?

Finden Sie, dass Sie die Ängste und Sorgen nicht kontrollieren können?

Sind Sie ständig angespannt und ängstlich?

Haben Sie Angst vor Ereignissen, die mit großer Wahrscheinlichkeit niemals eintreten werden? Beispielsweise, dass Ihnen oder Ihren Angehörigen etwas Schlimmes zustößt?

Machen Sie sich Sorgen über Ereignisse, die Sie nicht kontrollieren können?

Nehmen Sie Schlaf- oder Beruhigungsmittel, um die Anspannung, innere Unruhe und Ihre Schlafstörungen zu bekämpfen?

Auswertung:
Wenn Sie mehrere der Fragen mit JA beantworten konnten, deutet dies auf eine generalisierte Angststörung hin. Die genaue Diagnostik erstellt nur der Facharzt oder Psychotherapeut.

Zwangsstörung

Zwangsstörung Test

Dieser Test gibt Ihnen Hinweise, ob Sie an einer Zwangsstörung leiden könnten.

Waschen oder putzen Sie in einem Ausmaß, dass es verglichen mit anderen, zu viel und übermäßig erscheint?

Kontrollieren Sie Dinge wiederholt? Finden Sie, dass diese Wiederholungen übertrieben sind und keinen Sinn ergeben?

Haben Sie in Ihrem Kleiderschrank oder auf dem Schreibtisch eine ganz bestimmte Ordnung, die nicht durcheinander kommen darf?

Haben Sie Probleme damit, wenn Sie anderen Menschen zur Begrüßung die Hand geben sollen? Öffnen Sie Türen nur mit dem Ellenbogen?

Meiden Sie fremde Toiletten oder haben Sie immer ein Desinfektionsmittel bei sich, damit Sie vor Viren und Bakterien geschützt sind?

Stellen Sie sich, wenn Sie das Haus verlassen haben, die Frage, ob Sie auch alle Fenster und Türen verschlossen haben? Und gehen Sie, um sicher zu gehen, wieder zurück und kontrollieren dies?

Haben Sie Angst, dass etwas Schlimmes passieren kann, wenn Sie nicht eine bestimmte Reihenfolge bei Ihren Ritualen einhalten können? Zum Beispiel, sich in einer bestimmten Reihenfolge zu waschen oder sich anzuziehen?

Auswertung:
Wenn Sie eine oder mehrere der Fragen mit JA beantworten konnten, deutet dies auf eine Zwangsstörung hin. Die genaue Diagnostik erstellt nur der Facharzt oder Psychotherapeut.

Panikstörung

Panikstörung Test

Dieser Test gibt Ihnen Hinweise, ob Sie an einer Panikstörung leiden könnten.

Waren Sie schon einmal in der Situation, dass Sie aus dem Nichts heraus plötzlich mindestens vier der hier genannten Symptome bei sich bemerkt haben?

- Angst, verrückt zu werden oder die Kontrolle zu verlieren

- Atembeschwerden
- Bauchschmerzen - Übelkeit und Erbrechen
- Benommenheitsgefühl
- Blässe
- Brustschmerzen - Druck und Enge in der Brust
- Entfremdungsgefühle - Gefühl, dass alles unwirklich ist
- Erstickungsgefühle
- Gefühllosigkeit, Kribbelgefühle
- Herzrasen
- Hitzewallungen und Kälteschauer
- Mundtrockenheit
- Ohnmachtsgefühle
- Schnellatmung
- Schweißausbrüche

Hatten Sie diesen Angstanfall in einer Situation, in der keine Lebensgefahr bestand?

Dauerte dieser Anfall mindestens mehrere Minuten?

Hatten Sie während dieses Angstanfalls die Befürchtung, einen Herzinfarkt zu bekommen oder sterben zu müssen?

Sind Sie in Sorge, dass sich so ein Anfall wiederholen könnte?

Hatten Sie bereits mehrere Panikattacken?

Auswertung:

Wenn Sie eine oder mehrere der Fragen mit JA beantworten konnten, deutet dies auf eine mögliche Panikstörung hin. Die genaue Diagnostik erstellt nur der Facharzt oder Psychotherapeut.

Nun wissen Sie was Angst ist, welche Angstformen es gibt, wie die Symptome sind, welche Ursachen Ängste haben können und wie sie entstehen. Außerdem konnten Sie mit einfachen Selbsttests herausfinden, ob die Möglichkeit besteht, dass Sie an einer Angststörung leiden. Im zweiten Teil bekommen Sie praktische Tipps an die Hand, wie sich Ängste überwinden lassen. Sie lernen Übungen, die sich leicht in den Alltag integrieren lassen und Sie erfahren, welche Medikamente und Therapien bei Angsterkrankungen eingesetzt werden.

DIE BESTEN STRATEGIEN, UM ÄNGSTE ZU ÜBERWINDEN

Angst ist erlernbar und somit auch wieder verlernbar. Wir können unser Verhalten ganz aktiv verändern und neu gestalten. Somit lässt sich auch die „Angst vor der Angst“ verlernen. In schweren Fällen ist natürlich eine Psychotherapie, eventuell in Kombination mit einer medikamentösen Therapie von Nöten. Manchmal genügen aber auch ganz einfache Tipps, um eine übertriebene Angst loszuwerden.

Ist es sinnvoll, die Angst überwinden zu wollen?

Es liegt in der Natur des Menschen, sich vor Gefahren zu schützen. Instinktiv haben wir in verschiedenen, bedrohlichen Situationen eine berechtigte Angst. Die sogenannte Urangst ist lebensnotwendig für uns. Bei der Überwindung der Angst geht es primär nicht darum, sie loszuwerden. Denn ohne Angst könnten wir in gefährlichen Situationen nicht richtig reagieren. Von daher ist es äußerst sinnvoll, dass wir unter gewissen Umständen ängstlich sind.

In manchen Situationen ist Angst berechtigt und real. Zum Beispiel wissen wir, dass es gefährlich ist, bei einem Gewitter schwimmen zu gehen. Wir wollen uns hier der fiktiven Angst widmen. Dies ist eine Furcht, die in unserer Fantasie herrscht. Zum Beispiel, wenn wir in den Urlaub fliegen möchten, wir uns aber vorstellen, dass das Flugzeug abstürzen wird. Die Angst, die wir hier empfinden, ist nicht realistisch. Der Prozentsatz, dass wir bei einem Flugzeugabsturz sterben, ist minimalst. Wir haben hier lediglich ein Bild im Kopf. Es ist nicht passiert und damit ist es nur eine „fiktive Angst“. Dies soll verdeutlichen, dass es an uns liegt, ob wir uns positive oder negative Bilder in unserem Kopf ausmalen. Wir haben entweder Angst oder keine Angst.

Warum lohnt es sich, unsere Ängste zu überwinden?

Haben Sie sich diese Frage schon einmal gestellt? Wenn wir der angstauslösenden Situation oder dem Objekt generell aus dem Weg gehen können, warum sollten wir dann irgendwelche Übungen machen und uns freiwillig unserer Angst stellen? Die Antwort ist simpel. Überwinden wir die Angst, sind wir frei. Wenn wir nie damit anfangen, sich unseren Ängsten zu stellen, bleiben wir irgendwann stecken und können unser Leben nicht so genießen, wie wir es gerne möchten. Und dabei ist es auch vollkommen egal, welche Angst Sie haben. Komplett ohne Ängste wird unser Leben ohnehin nie sein und das ist auch gut. Denn Angst dient uns noch immer als Schutz und kann durchaus manchmal ein Motivator sein. Sie werden sich jetzt fragen, wie das gehen soll? Stellen Sie sich vor, Sie gehen zu einer Gesundenuntersuchung zum Arzt und der erklärt Ihnen, wenn Sie nicht sofort abnehmen und mit Sport beginnen, werden Sie über kurz oder lang Probleme mit dem Herz-Kreislauf-System bekommen und durch das Übergewicht zum Diabetiker werden. Zuhause angekommen, denken Sie nochmal über die Worte Ihres Arztes nach. Sie kennen die gesundheitlichen Folgen des Übergewichts natürlich schon lange, weil dieses Thema tagtäglich irgendwo zu hören oder zu lesen ist. Bisher haben Sie sich nie groß Gedanken darüber gemacht, und auch die Aussicht auf eine unheilbare Krankheit und möglicherweise einen frühen Tod, brachten Sie nicht dazu, etwas an Ihrem

Leben zu ändern. Doch die Worte Ihres Arztes hallen noch nach und plötzlich haben Sie Angst, viel zu früh zu sterben und dann macht es Klick. Somit ist hier die Angst der Motivator. Nun möchte ich aber einige Dinge aufzählen, die Ihnen entgehen werden, wenn Sie Ihre Ängste nicht in Angriff nehmen.

- Ein entspannter und angstloser Alltag
- Soziale Kontakte pflegen
- Auf Partys gehen
- Fremde Menschen ansprechen, Flirten
- Bindungen zu anderen Menschen aufbauen
- Nicht ständige Grübeleien und ein „Was wäre, wenn ..“
- Entspanntes Reisen
- Verwirklichung der Träume
- Etwas Neues ausprobieren
- Und vieles mehr

Stellen Sie sich vor, wie toll Ihr Leben ohne unsinnige Ängste sein könnte. Erstellen Sie sich Ihre eigene Liste. Was würden Sie alles machen? Seien Sie sich bewusst, dass Sie nicht den Rest Ihres Lebens in Angst leben müssen. Wenn wir lernen, unsere Ängste zu überwinden, können wir wieder ein selbstbestimmtes Leben führen.

Durchschauen und verstehen wir unsere Angst

Damit wir unsere Angst überwinden können, ist es notwendig zu lernen, wie wir damit umgehen. Angst entsteht in unserem Geist. Angst ist genauso eine Emotion wie Freude. Nur empfinden wir die Angst als unangenehm, während wir die Freude als beglückend sehen. Mit diesem Wissen müsste es doch ein Leichtes sein, vor bestimmten Situationen keine Angst mehr zu empfinden. Aber wieso reagieren wir weiterhin mit Angst? Unser Gehirn stuft diese Situation weiterhin als gefährlich ein. Das Unterbewusstsein ist viel stärker als unser Verstand und reagiert deshalb mit alten Mustern. Somit kann man sagen, dass unser Geist bei einer fiktiven Angst eine Situation als Gefahr deutet, jedoch entspricht sie nicht der Realität.

Wie können wir nun mit unserer Furcht umgehen, damit wir sie überwinden können?
Beginnen wir damit, dass wir die Angst anders bewerten. Fragen Sie sich einmal - wenn Sie sich in einer Angstsituation befinden - was das Schlimmste ist, das passieren könnte? Das „Worst-Case-Szenario“ sozusagen. Stellen Sie sich diese Frage ganz bewusst. Entweder Sie erkennen, dass das im Kopf ausgemalte Szenario - bleiben wir bei unserem Flugzeug Beispiel - absolut unrealistisch ist und keine echte Gefahr darstellt, und die Angst somit unbegründet und absurd ist. Damit mindert sich die Angst.
Die zweite Möglichkeit ist, dass Sie erkennen, welche Gedankengänge sich in Gang gesetzt haben und warum Sie mit Angst reagieren. Nun sitzen Sie aber im Flugzeug, eventuell gibt es einige Turbulenzen und Ihr Geist malt sich schon den Flugzeugabsturz aus. Sie sehen vor Ihrem geistigen Auge schon die Szenen, die sich abspielen werden, wenn Sie und alle Flugzeuginsassen die letzten Minuten haben, bevor sie alle tot sind. Ihnen wird durch das Erkennen, weshalb Ihr Körper so heftig reagiert, bewusst, dass die Angst lediglich das Ergebnis Ihrer Vorstellung ist. In diesem Fall die Vorstellung „in Kürze zu sterben“.

Zusammengefasst lässt sich sagen: Sehen Sie mit Ihrem Verstand genauer hin und fragen Sie sich wirklich „Was ist das Schlimmste, das mir passieren kann?“. Damit lässt sich erkennen, was sich im Unterbewusstsein abspielt. Das ist uns meist gar nicht bewusst. In einer Angstsituation bemerken wir nur, was mit unserem Körper geschieht. Wir spüren nur die Angst und die damit verbundenen Symptome, wie zum Beispiel Herzrasen und Schweißausbrüche.

Nachdem wir nun die Ursachen von Angst kennen und wissen, wie unser Verstand das bewertet, müssen wir lernen, wie wir damit umgehen, wenn die Angst bereits da und Teil unseres Lebens ist. Wenn wir uns vor etwas fürchten, schüttet unser Körper die Stresshormone Adrenalin und Noradrenalin aus. Angst ist für den Körper Stress und diese Art von Stress empfinden wir als unangenehm, und das ist gut so, da wir dadurch vor einer möglichen Gefahr gewarnt werden und wir uns instinktiv von der Gefahrenquelle entfernen. Bei unserer fiktiven Angst ist dies jedoch kontraproduktiv, weil unser Gehirn durch das Weglaufen nie lernen kann, dass eigentlich keine Gefahr bestand. Damit wir aber vorankommen, muss das Gehirn lernen, dass in dem Fall die Gefahr nicht real ist und wir in der Situation bleiben können, bis unser Angstempfinden nachlässt.

Konkret heißt das nun für Sie: Sie müssen durch Ihre Angst hindurch, auch wenn die Symptome noch so schlimm sind. Ihr Gehirn kann sonst nicht lernen, dass gewisse Gefahren surreal sind. Sie müssen sich selbst die Erlaubnis dazu geben, die Energie (Angst) ganz bewusst zu spüren. In unserem Beispiel wäre dies nun, dass Sie ins Flugzeug steigen und sich sagen: „Ich darf Angst haben.

Ich lasse es zu und die Energien fließen. Ich kämpfe nicht gegen die Angst, sondern nehme sie an!". Wenn Sie die Angst fließen lassen und den Mut haben sie bewusst anzunehmen, ändert sich etwas in Ihnen. Mit Atemübungen fällt Ihnen das vielleicht leichter. Welche Atemtechniken Sie anwenden können, erfahren Sie im nächsten Kapitel.

Lassen wir unsere Ängste los

Ängste sind eine große Herausforderung, weil wir ja nicht mit den Fingern schnippen können und die Angst ist weg. Es ist auch absolut nicht leicht, eine Angst loszulassen. Zum Teil begleiten uns Ängste schon seit Jahren und wir haben uns nie großartig Gedanken darüber gemacht, sie irgendeiner Art und Weise freigeben zu wollen. Sich von der Angst zu befreien klappt nur mit Übung. Denn nur mit der Konfrontation können wir unsere Furcht annehmen und bewusst loslassen. Klar ist auch, dass man nicht jede Angst mit dieser Übung abstellen kann. Kaum ein Mensch fliegt einmal wöchentlich, um beim Flugzeug Beispiel zu bleiben. Die Loslass-Strategie ist natürlich nur bei Ängsten sinnvoll, bei denen wir auch die Möglichkeit haben, regelmäßig zu üben. Aber keine Angst, es gibt noch viele andere Übungen, die wir zur Hilfe nehmen können.

METHODEN, UM DER ANGST „ADIEU" ZU SAGEN

Es gibt zahlreiche Techniken, Strategien und Methoden zur Bewältigung der Angst. Dies können bestimmte Atemtechniken sein, sanfte Heilmethoden, Meditationen und andere Strategien. Angstbewältigung ist jedoch viel mehr als nur zu wissen, was man dagegen tun kann. Das ist ein Lernen, das seine Zeit braucht und bei jedem Menschen individuell ist. Es kommt bei diesem Prozess vor allem darauf an, wie stark die Angst ausgeprägt ist. Eine Methode, die alle Ängste in Windeseile in Luft auflöst, gibt es leider nicht. Jedoch gibt es verschiedene Wege zur Hilfe und Selbsthilfe, um die Angst Schritt für Schritt zu überwinden.

Autogenes Training

Das autogene Training ist eine Entspannungsmethode, die dabei hilft, Angstsymptome zu unterbrechen, in Ruhe zu sich selbst zu finden und Sorgen sowie Störungen des Geistes und des Körpers zu beseitigen. Das Ziel des autogenen Trainings ist, zu Gelassenheit und Ruhe zu gelangen. Während des autogenen Trainings lernen Sie Ihre Ängste zu akzeptieren und besser mit ihnen umzugehen. Um diese Methode zu lernen, können Sie einen Kurs machen, YouTube Videos ansehen oder Sie kaufen sich eine CD und befolgen auf diese Weise die Anleitungen. Wichtig ist, dass Sie sich auf die Anleitungen einlassen. Gezielte Entspannungstechniken versetzen Sie in einen Erholungszustand. Autogenes Training ist wunderbar dafür geeignet, um mehr Gelassenheit zu bekommen und zu lernen, mit

Anspannung und Ängsten besser umzugehen. Diese Regenerationsmethode lässt sich hervorragend in den Alltag integrieren und ist sehr leicht zu lernen. Um den besten Entspannungseffekt zu bekommen, sollten Sie das autogene Training im Liegen ausführen, am besten auf einer weichen Unterlage. Achten Sie auf eine angenehme Raumtemperatur, damit Sie während der Entspannung nicht frieren. Je mehr Sie sich mit dem autogenen Training auseinandersetzen, umso leichter wird es in das eigene Bewusstsein aufgenommen. Beim autogenen Training gibt es mehrere Übungen und das Erlernen dauert einige Zeit. Dieses Entspannungsverfahren wird in zwei Bereiche unterteilt und jeder Bereich enthält mehrere Übungen. Wenn Sie noch Anfänger sind, beginnen Sie zunächst mit den Übungen des ersten Bereichs. Dieser zielt auf das vegetative Nervensystem ab und er wird unterschieden zwischen der Ruhe-, der Schwere- und der Wärme-Übung. Wichtig ist, dass Sie die Übungen des zweiten Bereichs erst lernen, wenn Sie die Übungen des ersten Bereichs beherrschen. Im zweiten und „Fortgeschrittenen-Bereich" liegt das Hauptaugenmerk bei den Organen und besteht aus vier Übungen. Starten Sie langsam und verzweifeln Sie nicht, wenn Ihnen die Übungen nicht sofort gelingen.

1. Ruhe-Übung

Diese Übung hat eine einleitende Funktion, beruhigt Ihren Körper und bereitet Sie auf die darauffolgenden Übungen vor: Nehmen Sie eine bequeme Haltung ein und beruhigen Sie mit Atmung Ihren Körper. Schließen Sie die Augen und atmen Sie tief durch die Nase ein. Die Entspannung leiten Sie mit dem autosuggestiven (sich selbst beeinflussenden) Satz „Ich bin vollkommen ruhig" ein. Wiederholen Sie diesen Satz ein paar Mal, entweder im Geiste oder Sie sprechen ihn laut aus. Stellen Sie sich vor, dass Sie an einem ruhigen Ort sind, an dem Sie sich vollkommen entspannen. Wenn es nicht sofort gelingt entspannt zu sein, macht das überhaupt nichts aus. Atmen Sie weiter, bis sich die Entspannung von selbst einsetzt.

2. Schwere-Übung

Mit dieser Übung entspannen Ihre Muskeln. Das Körpergewicht drückt auf die Unterlage und durch die Lockerung der Muskulatur wird diese besser durchblutet: Fokussieren Sie sich zunächst auf Ihren starken Arm. Bei Rechtshändern ist das meist der rechte Arm und bei den Linkshändern logischerweise der linke Arm. Stellen Sie sich im Geiste Ihren Arm vor und denken Sie „Mein rechter/linker Arm wird ganz schwer". Sobald Sie diese Schwere im Arm spüren, konzentrieren Sie sich auf den anderen Arm und wiederholen den Satz. Wenn auch das gelingt, gehen Sie weiter zu den Beinen, bis sich Ihr Körper komplett entspannt fühlt. Sagen Sie nun ein paar Mal „Ich bin ganz schwer". Anfangs ist es durchaus normal, wenn Sie Probleme damit haben, dass sich ein Schwere-Gefühl einstellt. Mit regelmäßigen Übungen gelingt es Ihnen immer besser. Wichtig ist, dass Sie die nächste Übung erst beginnen, wenn Sie diese Schwere-Übung beherrschen.

3. Wärme-Übung

Diese Übung erweitert Ihre Blutgefäße und sorgt dafür, dass sich Ihre Körpertemperatur erhöht: Beginnen Sie wieder mit der Fokussierung Ihres starken Armes. Dieses Mal soll der Arm nicht schwer, sondern warm werden. Sagen Sie im Geiste „Mein rechter/linker Arm wird angenehm warm". Fahren Sie so fort, wie bei der Schwere-

Übung. Also nach dem zweiten Arm kommen die Beine, bis der Körper vollkommen entspannt ist und beschließen Sie mit dem Satz „Ich bin angenehm warm".

4. Atem-Übung

Mit dieser Atem-Übung lernen Sie bewusster und tiefer zu atmen. Dadurch können Sie die innere Ruhe vertiefen: Diese Übung schließt direkt an die vorherigen Übungen an. Nachdem Sie die Schwere- und Wärme-Übung komplett durch haben, konzentrieren Sie sich wieder auf Ihre Atmung. Atmen Sie konzentriert durch die Nase ein und durch den Mund aus. Hier lautet der autosuggestive Satz „Ich atme ruhig und regelmäßig". Auch hier ist es wieder notwendig, dass Sie ein wenig Geduld aufbringen, bis Ihnen die Übung leicht fällt.

5. Sonnengeflecht-Übung

Bei dieser Übung steht der Solar-Plexus (Sonnengeflecht) im Vordergrund. Der Solarplexus befindet sich etwas oberhalb des Magens. Blockaden des Solarplexus-Chakras äußern sich durch Magen- und Darmprobleme. Deshalb richtet sich die Sonnengeflecht-Übung an den Magen und den Darm und durchblutet diesen Bereich besser: Fokussieren Sie sich auf Ihren Solar-Plexus und den Satz „Mein Sonnengeflecht ist strömend warm". Um dieses Gefühl erzeugen zu können, stellen Sie sich vor, dass eine wärmende Hand in Nabelhöhe auf Ihrem Bauch liegt.

6. Herz-Übung

Diese Übung spricht den Herzmuskel an und hilft, Puls und Blutdruck zu regulieren: Versuchen Sie sich auf Ihren Herzschlag zu konzentrieren und denken Sie den Satz „Mein Herz schlägt gleichmäßig und ruhig".

7. Stirnkühle-Übung

Nun sind wir bereits bei der letzten Übung angelangt. Hier werden Anspannungen im Bereich des Gesichts gelöst. In stressigen Zeiten hilft die Übung, einen kühlen Kopf zu bewahren: Stellen Sie sich vor, dass Ihre Stirn ganz kühl ist und sagen Sie sich im Geiste den Satz „Meine Stirn ist angenehm kühl". Damit sich das Gefühl verstärken kann, stellen Sie sich ein kühles Tuch auf Ihrer Stirn vor.

Nun beenden Sie das autogene Training mit der sogenannten Rücknahme. Diese ist wichtig, weil Sie sich während des Trainings ja in einem Trance-Zustand befinden und diesen wieder auflösen müssen. Dadurch verhindern Sie, dass Sie müde und ein wenig benommen sind. Wenn Sie das autogene Training anwenden, weil Sie Schlafstörungen haben und vor dem Einschlafen die Übungen machen, können Sie die Rücknahme weglassen. Ebenso auch bei der Anwendung zur Schmerzlinderung. Die Rücknahme geht ganz einfach. Sagen Sie sich zum Beispiel „Tief einatmen und Augen auf" oder machen Sie bestimmte Körperbewegungen. Nach der Rücknahme sollen Sie sich wach fühlen. Ist das nicht der Fall, wiederholen Sie das Rücknahme Ritual.

Atemübungen gegen Angst

Ängste sind stets mit einer Veränderung der Atmung verbunden. Aus diesem Grund ist die richtige Atmung besonders bedeutend. Es gibt unterschiedliche Atemübungen, die helfen, mit Angst und Panikattacken besser umgehen zu können. Besonders entspannend ist die Bauchatmung oder auch Zwerchfell-Atmung genannt. Diese Methode zu atmen sorgt für innere Ruhe und Gelassenheit. Das Zwerchfell ist der wichtigste

Atemmuskel und liegt unterhalb der Lunge zwischen der Brust- und Bauchhöhle. Während des Einatmens kommt es zu einer Muskelkontraktion, sodass sich das Zwerchfell senkt und der Bauch sich nach vorne wölbt. Beim Ausatmen entspannt sich das Zwerchfell und der Bauch wird wieder flach. Um Angst und Panikattacken zu reduzieren, sollte die Zwerchfell-Atmung angewandt werden.

Anleitung für eine Atemübung A

- Stellen Sie sich aufrecht und locker hin. Ihre Arme lassen Sie ganz locker und entspannt hängen.
- Nehmen Sie einen tiefen Atemzug und atmen Sie durch die Nase ein. Während dem Einatmen zählen Sie in Gedanken bis fünf.
- Dann atmen Sie durch den Mund aus und zählen in Gedanken langsam bis sieben. Ihre Schultern lassen Sie locker hängen und ziehen sie bewusst nach unten.
- Wiederholen Sie das Ein- und Ausatmen zehnmal. Dann machen Sie kurz Pause und kreisen zur Lockerung die Schultern fünfmal. Anschließend folgt wieder das Atmen.
- Diese Übung hilft Ihnen dabei, Anspannungen im Schulter- und Nackenbereich zu lockern und klarer zu denken.
- Diese Atemübung können Sie jederzeit durchführen.

Anleitung für eine Atemübung B

- Stellen Sie sich aufrecht und entspannt hin.
- Atmen Sie viermal hintereinander schnell und stoßartig durch die Nase ein.
- Der Bauch soll sich während des Einatmens wölben.

- Nun atmen Sie viermal hintereinander schnell und stoßartig durch den Mund aus.
- Der Bauch soll während des Aufatmens flach werden.
- Wiederholen Sie diese Atmung viermal, im Idealfall dreimal täglich.
- Diese Übung hilft dabei, Ihre Lunge zu entgiften und sorgt für einen klaren Kopf.
- Spucken Sie das Sekret, das hochkommt, aus.
- Diese Übung können Sie auch während des Autofahrens, beim Spazierengehen oder vor wichtigen Terminen durchführen.

Atemübungen sind eine gute Methode, um in unruhigen Situationen in die eigene Mitte zurückzufinden und die innere Ruhe wiederherzustellen.

Meditation

Meditieren ist ein hervorragendes Hilfsmittel bei Angststörungen, Stress und Depressionen. Wurde vor einigen Jahren die Meditation noch als rein spirituelle Technik gesehen und belächelt, stammt mittlerweile die Erkenntnis aus der Neurowissenschaft, dass es zu erstaunlichen Veränderungen im Gehirn kommt, wenn man sich mit dem Geist befasst. Wie wir ja bereits wissen, sind viele Ängste im Laufe des Lebens erlernt worden. Negative Erlebnisse sind in unserem Gehirn festgesetzt und die Wahrnehmung verschiedener Situationen ist dadurch getrübt. Ziel der Meditation ist nicht das Löschen der Angst, sondern der gesunde Umgang damit. Denn beim Meditieren kann man die Verarbeitung der Gefühle verändern und seiner Furcht entgegentreten. Es gibt viele verschiedene Meditationstechniken und nicht jede Methode ist für jeden geeignet. Meditieren muss man auch lernen. Fangen Sie am besten mit einfachen Übungen an und steigern Sie sich langsam. Seien Sie aber nicht frustriert, wenn es nicht sofort klappt. Auch beim Meditieren kommt es auf die Regelmäßigkeit an. Je öfter Sie meditieren, umso leichter wird es Ihnen fallen, und die Entspannung wird von Mal zu Mal tiefer. Wie Sie das Meditieren lernen, ist unwichtig. Sie können einen Kurs buchen, YouTube Videos ansehen oder Bücher lesen. Am Anfang ist es wichtig, dass Sie maximal zehn Minuten meditieren. Stundenlange Meditationen sind für Ungeübte sehr unangenehm. Bei den meisten Meditationen geht es darum, den Geist - die Gedanken - zur Ruhe kommen zu lassen. Es klingt einfach, ist aber mitunter sehr schwer. Sie werden anfangs sicher ständig irgendwelche Gedanken haben. Da fällt Ihnen vielleicht ein, dass die Wäsche zu bügeln wäre oder der Staubsauger wieder einmal benutzt werden sollte. Das ist völlig normal, ärgern Sie sich nicht darüber. Nehmen Sie diese Gedanken an und schieben Sie sie bewusst zur Seite. Sehr hilfreich können anfangs geführte Meditationen sein. Diese finden Sie zuhauf auf YouTube. Meditieren hat viele Vorteile, weil man sich selbst bewusst wird. Gerade bei Ängsten ist es wichtig, negative Gedanken loszuwerden und da kann die Meditation wirklich helfen, dass Sie Ihre Ängste einfach besser in den Griff bekommen. Viele Meditationen eignen sich auch für zwischendurch, da sie nur wenige Minuten dauern. Mit einigen Meditationstechniken machen wir uns nun aber vertraut.

Transzendentale Meditation

Diese Technik ist eine jahrtausendealte spirituelle Tradition, die einfach zu lernen ist. Sie gehört zum Bereich des Yoga. Transzendieren bedeutet „Tiefe Ruhe“

und es geht darum, dass wir unseren Geist in einen Zustand vollkommener Ruhe bringen. Mit der richtigen Technik geht das mühelos und Ihr Geist kommt von selbst zur Ruhe. Sobald der Geist transzendiert, kommt auch Ihr Körper ganz von allein in einen Zustand tiefer Entspannung. Die Transzendentale Meditation hat eine viel tiefere Wirkung als normale Entspannungsübungen. Sie erreichen damit eine Abnahme von Stresshormonen und eine Zunahme von Glückshormonen. Mit dieser Technik können Sie die Selbstheilungskräfte in Ihrem Körper aktivieren. Dies ist mittlerweile durch Messungen des Sauerstoffverbrauchs nachgewiesen worden. Entspannung bedeutet das Lösen von Spannungen und unser Körper kann angesammelten Stress wieder auflösen, dies geschieht im Schlaf. Die Ruhe im Schlaf geht jedoch nicht so tief, dass sich traumatische und tiefsitzende Spannungen lösen. Mit Hilfe der Transzendentalen Meditation gelingt es, diese tiefe Ruhe zu erreichen und die tiefsitzenden Verspannungen aufzulösen. Die Technik der Transzendentalen Meditation lernen Sie am besten bei einem ausgebildeten TM-Lehrer.

Mantra-Meditation

Wenn wir das Wort „Meditation" hören, denken wir automatisch an das wohl bekannteste Mantra in der westlichen Welt, an die Silbe „Om“, ausgesprochen wird „Aum“.
Mantras sind eine große Hilfe beim Meditieren. Sie können sich Ihr ganz eigenes Mantra aussuchen. Wählen Sie eines, das Ihnen gut tut und zu Ihrer aktuellen Lebenssituation passt. Wenn Sie sich für ein Mantra aus dem Sanskrit entscheiden, stellen Sie unbedingt sicher, dass Sie den Inhalt verstehen, damit das Mantra auch

wirkt. Natürlich können Sie sich auch Ihr ganz eigenes Mantra kreieren. Zum Beispiel „Ich bin ..." plus einen Zustand oder eine Eigenschaft, die Sie sich wünschen. Bei Ängsten könnte Ihr Mantra lauten „Ich bin frei von jeder Angst" oder „Ich lebe ohne Ängste". Verwenden Sie ein Mantra, mit dem Sie sich auch wohlfühlen. Wichtig ist auch, dass Sie in der Gegenwartsform bleiben, denn so suggeriert Ihr Gehirn Ihrem Körper, dass dieser Zustand gerade aktuell ist und damit werden Botenstoffe ausgeschüttet. Durch die Kraft der Gedanken werden Sie in diesen Zustand - also beispielsweise, dass Sie frei von Angst sind - versetzt.
Beginnen Sie damit, dass Sie sich eine für Sie bequeme Position wählen und Ihr Mantra an Ihre Atemzüge anpassen. Beginnen Sie nun mit der Wiederholung Ihres Mantras. Wie Sie das machen, können Sie frei wählen. Ob Sie sich das Mantra laut vorsagen, es leise vor sich hinmurmeln, singen oder still in Gedanken - machen Sie das, was sich am natürlichsten anfühlt. Meditieren Sie solange Sie möchten, oder stellen Sie sich anfangs einen Timer, der Sie nach einigen Minuten aus der Meditation holt.

Visualisierung

Eine weitere wunderbare Methode beim Meditieren ist das Visualisieren. Das bedeutet, dass Sie Ihre Vorstellungskraft in der Meditation benutzen. Diese Art der Meditation ist sehr einfach und bestens für Anfänger geeignet. Beginnen Sie wieder damit, sich eine bequeme Position zu suchen und schließen Sie die Augen. Nun stellen Sie sich einen Ort vor, an dem Sie Kraft tanken können und sich richtig wohlfühlen. Für die einen ist es eine Blumenwiese, andere bevorzugen Wasser oder eine Waldlichtung. Ob Sie an diesem Ort schon einmal waren oder Sie sich ihn gerade ausdenken, ist nicht von Bedeutung. Gehen Sie in Gedanken zu diesem Ort. Probieren Sie möglichst viele Details an diesem speziellen Ort wahrzunehmen. Hören Sie die Vögel zwitschern, das Wasser rauschen, fühlen Sie den Boden und nehmen Sie Gerüche war. Bleiben Sie so lange wie Sie möchten an diesem wunderbaren Ort und genieße Sie alle Eindrücke, die Sie wahrnehmen. Wie lange Sie dort verweilen, bleibt Ihnen überlassen. Die Meditation ist wunderbar geeignet, weil Sie jederzeit Ihre persönliche Wohlfühloase visualisieren können, um Kraft zu tanken.

Achtsamkeitsmeditation

Bei der Achtsamkeitsmeditation geht es darum, dass Sie Ihre Achtsamkeit schärfen. Die Achtsamkeit - im Englischen Mindfulness - ist ein Zustand von Geistesgegenwart, in dem Sie sich auf alles konzentrieren, was gegenwärtig geschieht, jedoch ohne diese Wahrnehmungen zu bewerten. Es geht darum, dass Sie Situationen oder Dinge erkennen, ohne zu reagieren. Die Achtsamkeit ist eine Haltung der vollständigen Akzeptanz für Ihre Gefühle und Gedanken im gegenwärtigen Moment. Es lässt sich so gut wie alles „mindful" erleben, jede Aktivität in Ihrem Alltag ist eine gute Gelegenheit, sich in Achtsamkeit zu üben. Zum Beispiel „Achtsames Duschen". Wenn Sie sich unter die Dusche stellen, nehmen Sie sich und das Duschen wahr. Wie fühlt sich das warme Wasser an? Nehmen Sie wahr, wie das Wasser über Ihren Kopf rinnt. Wie fühlen sich die nassen Haare an? Wo fließt das Wasser? Wo nehmen Sie es als erstes wahr? Auf dem Rücken oder der Brust? Fühlen Sie das Duschgel in Ihren Händen und seifen Sie sich ein. Berühren Sie Ihren Körper und nehmen Sie den Duft wahr. Oder Sie essen achtsam. Nehmen Sie jeden Bissen wahr, achten Sie auf den Geschmack, wie fühlt es sich in Ihrem Mund an? Kauen Sie bewusst und nehmen Sie die komplette Mahlzeit wahr. Sie können jedes Gefühl achtsam erleben. Es gibt aber auch einige Achtsamkeitsübungen, die Sie ganz einfach durchführen können.

Achtsamkeitsübung - Gehmeditation

Achtsames Gehen ist eine optimale Meditation im Alltag. Man macht dabei nichts Besonderes. Wir tun etwas, was wir ohnehin dauernd machen - wir atmen und gehen.
Diese Methode ist eine einfache Meditation, die Sie zu jeder Zeit und an jedem Ort durchführen können. Beim achtsamen Gehen lenken wir unsere Aufmerksamkeit bewusst auf das Gehen und das Atmen. Alle Gedanken lassen wir in den Hintergrund treten und konzentrieren uns auf uns selbst. Sie nehmen zwar alles wahr, was in der Umgebung oder im Kopf auftaucht, jedoch bewerten Sie nicht. Diese Übung können Sie so lange machen, wie Sie möchten.

Erdungsmeditation

Wenn Sie manchmal das Gefühl haben, dass Ihnen alles zu viel wird und Ihnen der innere Halt fehlt, können Sie eine Erdungsmeditation machen. Damit uns nicht jedes Ereignis aus der Bahn wirft, müssen wir uns erden. Mit dem Erden bringen wir Geist und Körper wieder ins Gleichgewicht. Auch diese Meditation ist hervorragend für Anfänger geeignet.
Und so funktioniert es: Setzen Sie sich hin oder legen Sie sich auf den Rücken. Sie können die Übung sowohl auf der Couch als auch auf dem Boden machen. Wie es für Sie angenehmer ist. Nun stellen Sie sich im Geiste vor, wie aus Ihren Fußsohlen oder Ihrem Rücken Wurzeln

wachsen. Die Wurzeln durchdringen den Boden unter Ihnen bis Sie durch die Erde durchwachsen. Stellen Sie sich auch vor, wie Ihre Wurzeln sich mit dem Boden verbinden und fühlen Sie, wie Sie positive Energie von der Erde über Ihre Wurzeln aufnehmen. Spüren Sie diese enorme Kraft, die sich in Ihrem Körper immer weiter ausbreitet. Wenn Sie sich kraftvoll genug fühlen, lassen Sie die Wurzeln langsam wieder zurück in Ihren Körper gehen. Nun haben Sie genug Energie und Sie sind wieder in Ihrer inneren Mitte.

Die Angst weg klopfen mit der EFT-Methode

Bei manchen Ängsten - vor allem bei den isolierten Phobien, beispielsweise die Klaustrophobie (Platzangst) oder Arachnophobie (Angst vor Spinnen) - ist ein schneller Erfolg durch die Klopfpunkt-Technik möglich. Es handelt sich bei dieser Methode um eine Kombination zwischen der chinesischen Meridianlehre, den Elementen des neurolinguistischen Programmierens (NLP) und der Kinesiologie. Bei dieser Methode werden bestimmte Akupunkturpunkte unseres Körpers gereizt. Hierbei klopfen Sie auf diese Punkte, währenddessen Affirmationen laut ausgesprochen werden. Durch diese Technik kann man negative Emotionen - Angst, Ekel, Scham, Wut - auflösen. Diese Klopftherapie nennt man EFT und bedeutet „Emotional Freedom Technique", was übersetzt so viel wie „Technik für die emotionale Befreiung" heißt. EFT können Sie sehr leicht erlernen und somit jede negative Emotion, die Sie belastet, einfach weg klopfen. Wenn Sie allerdings unter einem schweren Trauma leiden, empfiehlt sich die Methode in Kombination mit einer Psychotherapie. Die Vorgehensweise dieser Methode wird Ihnen hier erklärt; wo die genauen Klopfpunkte sind, können Sie sich aus dem Internet heraussuchen oder Sie kaufen sich ein Buch über EFT.

Suchen Sie nach einem Problem
Mit EFT können Sie zum Beispiel folgendes bearbeiten:

- Ein Erlebnis aus Ihrer Vergangenheit, welches Sie noch immer belastet
- Eine belastende Emotion, an der Sie gerade leiden
- Eine zukünftige Situation, die Ihnen bereits jetzt Angst bereitet

Fragen Sie sich „Was spüre ich genau?"
Wenn Sie sich für eine Situation aus der Vergangenheit oder der Gegenwart entschieden haben, spüren Sie in sich hinein: Was fühlen Sie genau? Welche Empfindungen löst dieser Gedanke bei Ihnen aus? Entscheiden Sie sich für die Emotion, die Sie am meisten belastet.

Gefühlsmessung
Bestimmen Sie vorab den Grad der Belastung anhand einer Skala. Eine 0 bedeutet, dass das Gefühl keine Belastung für Sie darstellt, und die 10 zeigt die emotional höchste Regung. Schreiben Sie sich die Zahl auf.

Vorbereitung
Bevor es mit dem Klopfen losgeht, versuchen Sie, sich auf Ihr gewähltes Gefühl einzustimmen. Der erste Klopfpunkt ist bei dieser Übung der sogenannte „Handkanten-Punkt". Während Sie diesen Punkt klopfen, sagen Sie sich dreimal hintereinander laut - als Beispiel nehmen wir die Emotion „Angst" - „Auch wenn ich Angst verspüre, liebe ich mich und nehme mich so an, wie ich bin".

Klopfen

Während Sie sich auf Ihre Emotion konzentrieren (in diesem Falle Angst), klopfen Sie mit Ihren Fingerspitzen alle zwölf Punkte der Reihe nach durch. Bei jedem Punkt sagen Sie einmal laut: „Meine Angst". Jeder Punkt wird fünf- bis zehnmal geklopft. Nachdem Sie mit dem Klopfen fertig sind, nehmen Sie einige tiefe Atemzüge.

Gamut- oder Handrücken-Punkt Übung

Mit dieser Übung verbinden Sie Ihre beiden Gehirnhälften und erreichen dadurch, dass der Klopf-Ablauf besser funktioniert. Durch das Augendrehen, Melodie summen und das Rückwärtszählen werden gewisse Abschnitte des Gehirns stimuliert. Währenddessen müssen Sie nicht an Ihr Problem denken. Halten Sie Ihren Kopf gerade und bewegen Sie ihn auch nicht während der Übung. Beginnen Sie nun den Handrücken-Punkt zu klopfen und machen Sie gleichzeitig nacheinander folgende Übungen:

- Die Augen schließen und wieder öffnen
- Sehen Sie auf die linke Seite nach unten und anschließend nach rechts unten
- Drehen Sie Ihre Augen erst im Uhrzeigersinn und gegen den Uhrzeigersinn
- Summen Sie kurz eine Melodie - am besten von einem Lied, das Sie gerne mögen
- Nun von zehn auf fünf rückwärts zählen
- Noch einmal das Lied summen

Klopfen

Beginnen Sie einen zweiten Klopf-Durchgang. Dieser ist vollkommen ident mit der ersten Klopfübung, das heißt, alle zwölf Punkte ein weiteres Mal mit den Fingerspitzen klopfen.

Gefühlsmessung
Um feststellen zu können, inwieweit sich die Intensität der unangenehmen Emotion reduziert hat, spüren Sie noch einmal in sich hinein, wie stark die Belastung ist, wenn Sie an Ihr gewähltes Gefühl denken. Im Idealfall sollte sie bei 0 liegen, zumindest aber schon weniger stark als vorher. Wenn Sie die Emotion noch immer triggert, wiederholen Sie die gesamte Klopfübung solange, bis der Wert bei 0 liegt. Begonnen wird wieder mit der Vorbereitungsübung, also dem Klopfen des Handkanten-Punktes. Der einzige Unterschied ist nun, dass Sie der Affirmation den Zusatz „Immer noch" hinzufügen. Der Satz lautet nun (unser gewähltes, negatives Gefühl ist Angst) „Immer noch Angst".

Progressive Muskelentspannung nach Jacobsen
Bei der Progressiven Muskelrelaxion, auch Progressive Muskelentspannung (PMR) genannt, handelt es sich um ein Entspannungsverfahren, bei dem durch die bewusste An- und Entspannung von verschiedenen Muskeln eine Tiefenentspannung erreicht werden kann. Diese Methode hat der US-amerikanische Arzt Dr. Edmund Jacobson in den 1920er entwickelt. Die PMR wird bei Angststörungen im Rahmen einer Verhaltenstherapie eingesetzt. Steht der Körper über längere Zeit unter Stress, auch in Form von Ängsten, führt das zu einer Dauerverspannung, die zu gesundheitlichen Problemen führen kann. Psychischer Stress schädigt über kurz oder lang den Körper. Die Progressive Muskelentspannung bewirkt, dass Ihre Muskeln die Psyche positiv lenken. Durch diese Entspannungsmethode fühlen Sie sich, im

Körper und im Geiste, ruhig und entspannt. Dieses Verfahren verbessert auch die Körperwahrnehmung, wodurch Sie in der Lage sind, leichter zu erkennen, wo Sie verspannt sind und mit der PMR rechtzeitig entgegen steuern können. Die Progressive Muskelentspannung können Sie ganz einfach mit Hilfe von Büchern und Videos, aber auch über Kurse erlernen. Diese Methode können Sie im Sitzen und im Liegen machen. Für Sie sollte es bequem sein, da die Übung ca. 30 Minuten dauert.

Anleitung für die PMR im Sitzen und Liegen:

Die beiden Methoden unterscheiden sich nur am Anfang.

Übung im Sitzen:

- Setzen Sie sich gerade hin
- Halten Sie Ihren Kopf gerade
- Die Beine sind zusammen
- Die Arme liegen auf den Oberschenkeln
- Die Füße stehen fest am Boden

Übung im Stehen:

- Bequeme Rückenlage
- Halten Sie Ihren Kopf gerade
- Ihre Beine liegen flach nebeneinander
- Ihre Arme liegen gerade neben Ihren Beinen
- Ihre Hände liegen flach auf dem Boden

So geht es weiter, egal ob Sie nun sitzen oder liegen:

- Atmen Sie ein paar Mal langsam tief ein und aus. Dabei wird Ihr Körper locker und angenehm schwer.

- Während der Progressiven Muskelentspannung stets tief, langsam und gleichmäßig ein- und ausatmen. Konzentrieren Sie sich auf die Übungen und lassen Sie eventuell auftauchende Gedanken einfach vorüberziehen.
- Nun beginnen Sie jeden Muskel Ihres Körpers anzuspannen und danach wieder zu entspannen. Beginnen Sie bei Ihren Händen, dann die Schultern, die Brust und machen Sie weiter, bis Sie bei den Füßen angelangt sind. Während Sie die jeweiligen Muskeln anspannen, versuchen Sie, die anderen Muskelgruppen ganz entspannt zu lassen. Konzentrieren Sie sich nur auf die Muskeln, die Sie gerade anspannen.

1. Starten Sie bei den Händen. Ballen Sie jede Hand zu einer Faust und spannen Sie diese für fünf Sekunden an, jedoch nicht zu verkrampft. Nur so stark, dass Sie ein leichtes Ziehen bemerken. Jetzt lösen Sie die Spannung, ohne sich dabei zu viel zu bewegen. Nehmen Sie nun für zehn Sekunden bewusst das Gefühl der Entspannung wahr.
2. Nun spannen Sie Ihre Unterarmmuskeln an, indem Sie die Hände nach oben ziehen, die Unterarme liegen weiter auf dem Boden oder auf den Oberschenkeln. Die Spannung für fünf Sekunden halten, dann die Spannung lösen und für zehn Sekunden die Entspannung wahrnehmen.
3. Als nächstes wird Ihre Muskulatur in den Oberarmen angespannt. Dafür müssen Ihre Unterarme auf die Unterlage gedrückt werden, sofern Sie die Übung im Liegen machen. Im Sitzen drücken Sie die Unterarme auf Ihre Oberschenkel. Die Spannung wird nun wieder fünf Sekunden lang angehalten. Danach

entspannen Sie und nehmen diese ganz bewusst wahr.

4. Weiter geht es mit den Muskelgruppen im Gesicht. Ziehen Sie die Augenbrauen hoch und öffnen Sie dabei Ihre Augen ganz weit für einige Sekunden, bis Sie wieder in die Entspannung gehen. Kneifen Sie jetzt Ihre Augen zusammen, so als würde Sie die Sonne blenden. Dabei ruhig einatmen und die Spannung halten. Beim Entspannen achten Sie bewusst auf das angenehme Gefühl, wie locker und glatt die Stirn ist. Pressen Sie nun Ihre Lippen aufeinander, atmen Sie tief ein und spüren Sie die Spannung, bis Sie die Lippen wieder lockern und Ihren Mund für zehn Sekunden entspannen. Drücken Sie jetzt Ihre Zunge gegen den Gaumen und spüren Sie bewusst die Spannung, bis Sie die Zunge wieder lockern und entspannen können.
5. Die nächste Muskelgruppe ist die Nackenmuskulatur. Dazu pressen Sie Ihren Kopf fest gegen die Unterlage. Wenn Sie die Übung im Sitzen machen, lehnen Sie Ihren Kopf ganz weit in den Nacken zurück. Fühlen Sie die Spannung ein paar Sekunden und danach lösen Sie die diese und entspannen Ihren Nacken.
6. Pressen Sie jetzt das Kinn fest auf Ihre Brust und halten Sie die Spannung, bevor es wieder in die Entspannung geht. Spüren Sie das wunderbare Gefühl, wenn Sie die Spannung lösen?
7. Weiter geht es nun mit Ihren Schultern. Ziehen Sie diese ganz weit hoch, in Richtung Ohren. Achten Sie ganz bewusst auf das Spannungsgefühl, bis Sie die Schultern wieder lockern und die Entspannung wahrnehmen.
8. Ihre Schulterblätter drücken Sie nun nach hinten in Richtung Wirbelsäule zusammen. Halten Sie diese

Spannung wieder für fünf Sekunden und achten Sie darauf, was Sie spüren, wenn Sie die Spannung lösen.
9. Nun atmen Sie tief ein, sodass sich der Brustkorb wölbt. Den Brustkorb für fünf Sekunden gewölbt halten. Dann lassen Sie Ihren Brustkorb zusammenfallen und konzentrieren sich auf das Gefühl der Entspannung.
10. Als nächstes drücken Sie den Bauch heraus und halten ihn die fünf Sekunden, währenddessen Sie normal weiter atmen. Dann ziehen Sie Ihren Bauch ein und entspannen wieder.
11. Wenn Sie liegen, heben Sie Ihr Gesäß und machen fünf Sekunden ein Hohlkreuz. Danach das Gesäß senken und die Spannung lösen. Bei der Übung im Sitzen spannen Sie die Gesäßmuskeln an, zählen bis fünf und lösen die Spannung wieder.
12. Die Anspannung bei den Oberschenkeln bekommen Sie hin, wenn Sie versuchen die Knie wegzudrücken. Bei der Übung im Liegen stellen Sie die Beine auf und drücken auch hier die Knie weg. Die Entspannung soll wieder ganz bewusst wahrgenommen werden.
13. Nun sind Sie bereits bei der letzten Muskelgruppe angelangt. Die Muskulatur Ihrer Unterschenkel und Füße spannen Sie an, sofern die Übung im Liegen gemacht wird, indem Sie Ihre Füße nach unten drücken. Sollten Sie sitzen, dann ziehen Sie Ihre Füße nach oben. Ein letztes Mal spannen Sie Ihre Muskeln an, zählen bis fünf und lockern die Muskulatur an Ihren Unterschenkeln und Füßen.

Nun sollten alle Muskeln Ihres Körpers wunderbar gelockert sein. Stellen Sie sich im Geiste noch einmal jede

Muskelgruppe vor und lockern Sie alles bewusst noch einmal.
Bleiben Sie noch für einige Minuten liegen bzw. sitzen und genießen Sie die Entspannung Ihres ganzen Körpers. Bevor Sie wieder aufstehen, atmen Sie noch einige Male tief durch und strecken sich.

NLP - Neurolinguistische Programmierung

Eine weitere Methode, die Ihnen helfen kann Ihre Ängste zu verringern, ist die Neurolinguistische Programmierung - kurz auch NLP.

- Das „N“ steht für Neuro und meint das Nervensystem, das wir brauchen, um Informationen und Reize über unsere Sinnesorgane aufzunehmen, ans Gehirn weiterzuleiten, um diese dann zu verarbeiten. Unser Denken, Fühlen, Verhalten und die Wahrnehmung hängen vom Nervensystem ab.
- Das „L“ steht für Linguistik, damit ist die Sprache gemeint, die wir für die Kommunikation mit unserer Umwelt, aber auch mit uns selbst benutzen. Unsere Worte schaffen unsere Wirklichkeit.
- Und das „P“ meint das Programmieren, das eine systematische, zielgerichtete Veränderung meint.

NLP bedeutet also Gedanken durch Sprache zu beeinflussen. Beim NLP empfiehlt es sich unbedingt, die Methode bei einem NLP Trainer zu lernen. Es gibt Workshops, Kurse und Wochenend-Seminare, wo Sie die Technik erlernen und dann auch anwenden können.

Yoga gegen Angst

Regelmäßiges Yoga kann Ihnen die Kraft geben, Ereignisse und Situationen so anzunehmen, wie sie kommen. Zudem ist Yoga eine gute Methode, um im täglichen Leben ruhig und entspannt zu bleiben und sich dem Leben mit einer positiven Einstellung und mit Kraft stellen zu können. Yoga ist natürlich keine Wunderwaffe und zaubert die Ängste nicht weg. Aber Sie können durch die Yoga-Praxis auf eine einfache, aber effektive Art lernen, dass sich die Anspannung in Entspannung wandelt und die Unruhe in Ruhe. Durch regelmäßige Yoga-Einheiten schüttet Ihr Gehirn einen Botenstoff namens GABA aus. Dieser Botenstoff reduziert Angst, Panikgefühle, Stress sowie Spannung und bewirkt eine Muskelentspannung. Einen ähnlichen Effekt kennen wir bei der Psychopharmaka-Therapie mit Benzodiazepinen, die als Beruhigungsmittel eingesetzt werden. Somit können wir quasi mit Yoga unseren Organismus dabei unterstützen, unser eigenes und nebenwirkungsfreies Beruhigungsmittel zu produzieren.

Sport als Angstkiller

Studien belegen: Regelmäßiger Sport hilft gegen Angststörungen. Menschen, die Sport treiben, haben ein besseres Immunsystem und sind seltener krank als die Couch-Potatos. Sport beugt nicht nur körperlichen Erkrankungen vor, Sport hat auch eine positive Auswirkung auf unsere Psyche. Das heißt nun nicht, dass Sie sich ab jetzt dreimal die Woche ins Fitnessstudio begeben müssen. Bereits einmal in der Woche für 30 Minuten Sport zu machen hat einen positiven Effekt auf unsere eigene Zufriedenheit. Aber wie wirkt Sport gegen Ängste? Wissenschaftler sind sich einig, dass sich sportliche Aktivitäten auf den Körper und die Psyche auswirken. Wie genau, weiß man zwar noch nicht, aber es gibt einige Theorien darüber. Bei körperlicher Betätigung werden vermehrt Botenstoffe ausgeschüttet. Diese Botenstoffe sind Noradrenalin, Dopamin, Adrenalin und das Glückshormon Serotonin. Ebenso fand man in der Hirnforschung heraus, dass nach dem Ausdauersport, beispielsweise Joggen, die geistige Aktivität in einem bestimmten Bereich des Gehirns reduziert ist. Dieser Bereich ist der präfrontale Cortex, der als Sitz der Persönlichkeit gilt und im Zusammenhang mit Aufmerksamkeit, Nachdenken, Entscheidung und Planung genannt wird. Man geht davon aus, dass sich durch die Anstrengung beim Sport das Aktivitätszentrum im präfrontalen Cortex verschiebt. Vereinfacht gesagt heißt das, statt für emotionale und kognitive Prozesse (Wahrnehmungen, Gedanken, Einstellungen) werden die Ressourcen vermehrt in Regionen gebraucht, die zum Beispiel für die Körperwahrnehmung, Atmung und Muskulatur zuständig sind. Sie können sich das so vorstellen wie bei einem Computer. Wenn Sie zu viele Programme geöffnet haben, bleibt er hängen. Sie müssen ihn herunterfahren und neu starten, damit er wieder läuft.

Warum gerade Sport so eine positive Wirkung auf unsere Psyche hat, ist noch nicht ganz geklärt. Aber fest steht, dass Sport sich äußerst positiv auf psychische Erkrankungen auswirkt. Ob es sich nun um Angststörungen, Panikattacken oder Depressionen handelt, allein der Gedanke, dass Sport ein natürliches Antidepressivum ist, sollte uns dazu bewegen, die Sportschuhe auszupacken.

MEDIKAMENTÖSE THERAPIE BEI ÄNGSTEN

Nicht jede Angst ist krankhaft und deshalb behandlungsbedürftig. Bei leichteren Formen von Angststörungen können Phytopharmaka (pflanzliche Arzneimittel) eine gute Alternative sein. Pflanzliche Arzneimittel wie zum Beispiel Baldrian, Melisse oder Lavendel haben unter anderem angstlösende Eigenschaften. Ist eine Angststörung stark ausgeprägt, setzt man auf eine Kombination aus medikamentöser Therapie mit Psychopharmaka und Psychotherapie. Es werden, je nach Art der Störung, unterschiedliche, verschreibungspflichtige Medikamente verordnet. Ihr Arzt wird mit Ihnen abwägen, ob Sie medikamentös behandelt werden müssen. Denn Psychopharmaka haben zum Teil sehr viele Nebenwirkungen. Wichtig ist auch, dass Sie die Tabletten genau nach Vorschrift einnehmen und niemals eine medikamentöse Behandlung von sich aus absetzen.

Medikamente bei Ängsten - Pharmakotherapie

Jedes Medikament, dass Sie von Ihrem Arzt verschrieben bekommen, wirkt auf unterschiedliche Weise und in verschiedenen Regionen des Gehirns. Zum Einsatz bei Angsterkrankungen kommen meist Antidepressiva (meist vom Typ der SSRI), Trizyklische Antidepressiva und MAO-Hemmer. Benzodiazepine gehören zu den Anxiolytika und werden oft in der Akuttherapie, beispielsweise bei einer Panikattacke, eingesetzt. Bei Benzodiazepinen besteht aber die Gefahr einer Abhängigkeitsentwicklung. Gelegentlich werden

Betablocker verabreicht. Vor allem bei sozialer Phobie und Panikattacken, hier reduzieren die Betablocker die körperliche Symptomatik.

- Antidepressiva vom Typ SSRI (Serotonin-Wiederaufnahmehemmer) - wirken angstdämpfend und stimmungsaufhellend
- Trizyklische Antidepressiva - wirken angstlösend und beruhigend
- Benzodiazepine - wirken angstlösend und werden besonders bei Panikattacken verschrieben, da sie einen schnellen Wirkungseintritt haben
- Betablocker - lindern starke körperliche Angstsymptome

Medikamente bei Agoraphobie

Arzneimittel, mit denen die Agoraphobie behandelt wird, wirken nicht heilend, sondern lindern die Symptome, solange Sie die Medikamente nehmen. Vor allem werden bei dieser Angststörung Trizyklische Antidepressiva, Selektive Wiederaufnahmehemmer und Anxilytika eingesetzt.

Medikamente bei sozialer Phobie

Bei der sozialen Phobie können ebenfalls Medikamente eingesetzt werden. Am häufigsten kommen Antidepressiva zum Einsatz. Jedoch verspricht die medikamentöse Behandlung langfristig gesehen keinen Erfolg, wenn die Ursachen, die zu Ihrer Angst geführt haben, nicht beseitigt werden.

Medikamente bei der Panikstörung

Bei der Panikstörung kommen Antidepressiva, vor allem Trizyklische Antidepressiva und Selektive Serotonin-

Wiederaufnahmehemmer (SSRI) sowie Serotonin-Noradrenalin-Wiederaufnahmehemmer (SNRI) und angstlösende Medikamente wie Betablocker oder Benzodiazepine zum Einsatz.

Medikamente bei der generalisierten Angststörung

Bei dieser Art der Angststörung werden meist Antidepressiva verschrieben, die eine beruhigende und angstlösende Wirkung haben. Benzodiazepine sind Arzneimittel, die sehr schnell abhängig machen. Deswegen sollten sie nur eingenommen werden, wenn es unbedingt erforderlich ist und immer nur für eine kurze Zeit. Sie müssen auch in genauer Absprache mit dem Facharzt eingenommen werden.

Medikamente bei Zwangsstörungen

Zur Behandlung von Zwangsstörungen kommen Medikamente zum Einsatz, die auch bei Depressionen verschrieben werden. Vor allem nimmt man hier Antidepressiva, die aus der Gruppe der sogenannten Selektiven Serotonin-Wiederaufnahmehemmer (SSRI) kommen.

Pflanzliche Mittel bei Ängsten - Phytopharmaka

Um Ängste zu behandeln, muss man nicht immer sofort auf verschreibungspflichtige Arzneimittel zurückgreifen. Die Naturheilkunde bietet eine Reihe von pflanzlichen Arzneimitteln für nahezu jedes Leiden. Vor allem bei leichten Ängsten, Unruhezuständen und leichteren Formen der Angststörung können Sie sich die Heilkraft der Pflanzen zunutze machen und eine gute Alternative sein. Auch hier gilt, wie bei der Behandlung mit Medikamenten, dass die Therapie mit Heilpflanzen begleitend zur Psychotherapie gemacht wird.

Sozialphobien und Zwangsstörungen lassen sich nicht mit Heilpflanzen behandeln.

Baldrian

Baldrian wird unter anderem bei Nervosität, Schlafstörungen, Hysterie, Unruhe- und Angstzuständen verabreicht. Die Heilkraft steckt hauptsächlich im ätherischen Öl des Wurzelstockes (Rhizom). Baldrian ist in verschiedenen Formen erhältlich - lose für Tee und Bäder, Tabletten, Dragees und Tropfen.

Hopfen

Hopfen ist bereits seit Jahrhunderten für seine beruhigende und schlaffördernde Wirkung bekannt. Hopfen wird bei Angst, Spannungszuständen, Unruhe und Schlafstörungen angewendet. Die Heilkraft der Pflanzen steckt in den Zapfen der weiblichen Pflanzen. Hopfen ist als Kapsel, Dragee, Tinktur oder als Tee erhältlich.

Johanniskraut

Johanniskraut wird in der Heilpflanzenkunde schon lange bei der Behandlung von Depressionen verordnet. Die Heilpflanze wird auch bei Angst, Unruhezuständen und Nervosität verwendet. Johanniskraut wirkt stimmungsaufhellend und beruhigend. Die Darreichungsformen sind Tee, Kapseln, Dragees, Tropfen und Öl.

Lavendel

Lavendel wird unter anderem bei Angstzuständen, Unruhe sowie Schlafstörungen eingesetzt. Die Heilpflanze hat eine angstlösende, beruhigende und stimmungsaufhellende Wirkung. Lavendel können Sie als Tee, Tabletten, Kapseln und Öl erwerben.

Melisse

Melisse kann sich positiv auf Angstzustände und Panikattacken auswirken. Der Melisse wird die Eigenschaft zugeschrieben, sich positiv auf die Stimmung auszuwirken, zu beruhigen und Angst zu lindern. Vor allem in stressigen Phasen soll die Melisse besonders gut wirken. Die Melisse wurde bereits im Mittelalter als Heilpflanze eingesetzt, unter anderem gegen Schwindel und Schlafbeschwerden.
Die Heilpflanze gibt es als Tee, Tropfen, Tabletten und als Melissengeist zu kaufen.

Passionsblume

Die Passionsblume wird bei Unruhezuständen, Nervosität, Schlafstörungen und Schweißausbrüchen angewendet. Diese Heilpflanze ist in mehreren Formen erhältlich - als Tee, Tabletten, Kapseln und Tropfen.

Pflanzliche Fertigmischungen

Im Handel finden Sie einige Fertigmischungen, die Sie bei leichten Angst- und Unruhezuständen nehmen können. Gerne werden Mischungen aus den vorgestellten Heilpflanzen - Baldrian, Hopfen, Johanniskraut, Lavendel, Melisse und Passionsblume - hergestellt. Auch bei Heilpflanzen ist es erforderlich, dass Sie die Art der Anwendung und Dosierung beachten. Lesen Sie immer die Packungsbeilage oder fragen Ihren Arzt, Heilpraktiker oder Apotheker.

PSYCHOTHERAPIE-METHODEN BEI ÄNGSTEN

Extreme Ängste in den Griff zu bekommen, ist nicht leicht. Der erste Schritt, nämlich der Weg zum Therapeuten, ist immer der Schwerste. Mit Hilfe eines Therapeuten lassen sich die Grundmuster von Sorgen und Ängsten erkennen. Mit Hilfe einer Anleitung können Sie lernen, dass Sie schädliche Verhaltensweisen oder Gedanken in einer Art und Weise in den Griff bekommen, dass diese nicht mehr Ihr ganzes Leben beherrschen. Es gibt viele unterschiedliche und wirksame Arten der Psychotherapie. Natürlich brauchen Sie viel Geduld, um wieder in ein weniger angstbestimmtes Leben zurück zu finden. Doch mit der Hilfe eines guten Therapeuten, Ihrer Mitarbeit und Motivation werden Sie das schaffen.

Kognitive Verhaltenstherapie

Eine Psychotherapie stellt eine vielversprechende Behandlungsmöglichkeit bei Angststörungen dar. Bei der Kognitiven Verhaltenstherapie geht es darum, die Denk- und Verhaltensmuster des Patienten zu betrachten. Vor allem jene Muster, die die Angststörung fördern bzw. wenn die Störung bereits besteht, den Kranken daran hindern, gesund zu werden.

Bei dieser Form der Therapie ist man der Annahme, dass die Gefühle eines Menschen von der Art seiner Denk- und Handlungsweise beeinflusst wird. Wenn der Betroffene diese falschen Denkmuster erkennt, kann er ganz bewusst daran arbeiten, seine Ängste zu verringern, indem er die alten Muster ablegt und durch neue

Denkweisen ersetzt. Dadurch schafft der Patient diese negativen Emotionen zu überwinden, weil er sich seiner falschen Handlungsweisen sowie dem falschen Denkverhalten bewusst wird.
Bei einer Angststörung versucht der Betroffene die Situationen und Dinge, die in ihm Angst auslösen, zu meiden. Je mehr aber er versucht, alles zu meiden, was ihm Ängste bereitet, umso stärker wird die Störung. Von daher ist es hilfreich, dass der Erkrankte lernt, sich genau diesen Situationen zu stellen. Mit Hilfe der Kognitiven Verhaltenstherapie lernt der Betroffene Situationen anders zu bewerten. Eine Situation lässt sich oft nicht verändern oder in irgendeiner Weise beeinflussen. Jedoch kann man lernen, und das ist Ziel dieser Therapieform, die gegebene Situation anders zu bewerten. Diese Therapiemethode wird sowohl als Einzeltherapie als auch in der Gruppe angeboten. Meist beginnt man die Therapie während einer akuten Angstphase. Sie ist jedoch auch präventiv zu sehen, da sie ein neuerliches Auftreten der Störung im Vorfeld bereits positiv beeinflussen kann. Es gibt eine Reihe von Strategien bei der Kognitiven Verhaltenstherapie. Viele Therapeuten arbeiten mit Atemtechniken, der Progressiven Muskelrelaxion und einigen Trainingsübungen in Bereich Selbstsicherheit oder der Angstkonfrontation.

Das Ziel der Kognitiven Verhaltenstherapie ist es, Klarheit über unsere Gedanken und Gefühle und unsere daraus entsprechenden Handlungen zu erlangen. Der Zusammenhang zwischen Denken, Fühlen und Handeln wird dabei beleuchtet, indem wir auf ein bestimmtes Ereignis blicken:

1) Eine bestimmte Situation.

2) Wie bewerten wir diese Situation? Positiv, negativ oder neutral?
3) Wie ist unsere Reaktion auf diese Situation (Verhalten oder Gefühle)?

In dieser Abfolge entstehen manchmal Denkfehler, welche wiederum schädliche Denkmuster verursachen können (wie zum Beispiel „Das schaffe ich alleine nicht“). Das kann schließlich dazu führen, dass wir zum Beispiel unser Leben fortan nur noch in zwei Kategorien unterteilen und Situationen nur noch als gut oder schlecht bewerten. Ein Beispiel dafür wäre: „Wenn meine Bewerbung abgelehnt wird, bin ich schlecht“. Auch wenn dies nicht wirklich der Wahrheit entspricht, so denken wir in diesem Moment trotzdem, dass wir „schlecht“ sind.

Ähnlich verhält es sich beim Katastrophen-Denken, wobei wir dazu neigen negative Vorhersagen zu treffen wie beispielsweise: „Wenn wir uns jetzt trennen, dann finde ich nie wieder einen neuen Partner“.

Die KVT wird in der Regel bei psychischen Problemen wie Depressionen oder Angststörungen eingesetzt sowie bei körperlichen Beschwerden und chronischen Schmerzen und setzt insgesamt viel Eigeninitiative voraus, weshalb auch oft von „Hilfe zur Selbsthilfe“ gesprochen wird. Die KVT beinhaltet unter anderem folgende Elemente:

- Tagebuchschreiben, um die eigenen Gedanken festzuhalten und zu hinterfragen.
- Meditations- und Achtsamkeitsübungen.
- Methoden zur Stress- und Schmerzbewältigung.

- Kognitive Umstrukturierungen durch zum Beispiel Gedankenstopps.

Die KVT ist eine der am häufigsten verwendeten Therapieformen, weil sehr oft schon nach kurzer Zeit Erfolge zu sehen sind.

Die Kognitive Verhaltenstherapie kann mehrere Wochen oder Monate in Anspruch nehmen, je nach Schweregrad. Sie findet in Einzelsitzungen statt, welche entweder in Praxen oder in Kliniken abgehalten werden, ebenso können gewisse Übungen auch im Alltag durchgeführt werden. In der Regel übernimmt die gesetzliche Krankenkasse die Kosten für diese Therapie, wobei jedoch zuerst einmal eine Diagnose wie Depression, Angststörung, psychosomatische Erkrankung o. ä. getroffen werden muss. Außerdem sollte geklärt werden, welche Krankenkasse hierfür überhaupt in Frage kommt.

Verhaltenstherapie

Wenn man an einer Angststörung leidet, vergeht oft sehr viel Zeit, bis eine Therapie beginnt, weil der Betroffene die angstverursachenden Situationen meidet. Die Vermeidung der Situationen und Objekte, die die Störung verursachen, ist jedoch kontraproduktiv, da sich die Furcht immer mehr steigern kann. Bei der Verhaltenstherapie arbeitet der Therapeut damit, dass der Patient nach und nach mit dem Angstauslöser konfrontiert wird. Unter seiner Anleitung wird der Betroffene langsam an die angstverursachende Situation herangeführt. Er muss dabei lernen, sich direkt mit seiner Furcht auseinanderzusetzen. Ziel dieser Therapieform ist, dass Sie erkennen, wie Ihre Angst, trotz der Konfrontation, immer weniger wird. Damit erkennen Sie, dass sich die Angst vor dieser Situation oft gar nicht bewahrheitet, oder nicht so schlimm ist, wie Sie im Vorhinein befürchtet hatten. Durch diese Methode schaffen Sie es, dass Sie stufenweise die Kontrolle über sich selbst und Ihr Leben zurück erhalten.

Hypnosepsychotherapie bei Angststörungen

Hypnose, als Teil der Psychotherapie, wird bei vielen Störungsbildern sehr erfolgreich eingesetzt. Speziell bei Angststörungen kann man mit der Hypnosetherapie - auch Hypnosepsychotherapie - gute Erfolge verbuchen. Am häufigsten wird sie bei der Platzangst, bei Panikstörungen und bei der sozialen Phobie angewandt. Man kann bei der Therapie mit Hypnose die Angstsymptome wirkungsvoll behandeln. Die meisten Angst-Patienten sprechen auf hypnotherapeutische Methoden gut an. Bei einer Angstreaktion werden ganz typische, hypnotische Phänomene aktiviert. Wenn Sie unter einer Angst leiden, verfügen Sie mit großer Wahrscheinlichkeit über ein gutes Vorstellungsvermögen. Das kann Ihnen bei der Hypnose-Therapie sehr nützlich sein. Das „Imaginieren“ (Vorstellen) von inneren Bildern verändert gleichzeitig auch physiologische Vorgänge im Körper - wie zum Beispiel Blutdruck, Puls und Atmung. Die Hypnose hat in der Psychosomatik in den letzten Jahren enorm an Bedeutung und Anerkennung gewonnen. Die Hypnose als Therapie-Methode löst bei vielen Menschen immer noch irrationale Ängste aus. Vor allem Menschen, die Angst vor Kontrollverlust haben, stehen dieser Methode eher skeptisch gegenüber. Da der Großteil der Menschen ein völlig anderes Bild zum Wort „Hypnose“ hat. Die Hypnose als Teil der Psychotherapie hat nichts mit einer Showhypnose zu tun. Eine Hypnotherapie können nur Ärzte, Psychotherapeuten und Heilpraktiker, die eine spezielle Ausbildung gemacht haben, anbieten. Bei dieser Therapie tun Sie alles freiwillig und sind bei vollem Wachbewusstsein. Bei der Hypnosepsychotherapie gibt es verschiedene Behandlungsansätze. Es wird zwischen direkten und indirekten Techniken unterschieden. Welche Form angewandt wird, ist von Patient zu Patient verschieden. Der Hypnosetherapeut entscheidet dies ganz individuell. Eine erfolgreiche Methode bei Angststörungen ist die aufdeckende Behandlung - man spricht auch von der analytischen Hypnose - zeichnet sich dadurch aus, dass man die Ursache der Angst findet und daran arbeitet. Durch die Hypnose und den damit einhergehenden Trancezustand können verborgene Konflikte - an die sich der Patient nicht erinnern kann - aufgedeckt werden. Der Vorteil liegt hier darin, dass man Probleme und Ängste, die tief im Unterbewusstsein schlummern, lösen kann. Und diese Tatsache verspricht gute Chancen, dass der Betroffene seine Ängste dauerhaft lösen kann. Weil bei dieser Therapie nicht nur die Symptome der Angst behandelt werden, sondern auch die Ursache, die zu einer Angststörung geführt hat. Eine Hypnotherapie ist sehr effektiv und kann Ihnen in relativ kurzer Zeit zu einer Verbesserung der Lebensqualität helfen. Dieses Hypnose-Verfahren lässt sich auch gut mit anderen Therapien kombinieren.

Psychoanalyse

Die Psychoanalyse ist eine der ersten Therapieformen überhaupt und stammt vom wohl berühmtesten Psychoanalytiker Sigmund Freud. Bei der psychoanalytischen Therapie ist das Ziel die Änderung der Persönlichkeit. Und zwar in der Hinsicht, dass den Angstsymptomen der Boden entzogen wird. Bei dieser

Therapieform geht es vor allem darum, die Einschränkungen im Erleben und Handeln des Patienten zu beheben, indem der Psychoanalytiker dem Betroffenen die unbewussten Entstehungszusammenhänge bewusst macht. Der Analytiker bleibt dabei gänzlich neutral und gibt dem Patienten lediglich Deutungen, damit dieser den verborgenen Sinn der Assoziationen entschlüsseln kann. Für Psychoanalytiker sind die Ursachen aller psychischen Störungen unbewusste Konflikte in der Kindheit.

Tiefenpsychologisch fundierte Psychotherapie

Eine Weiterentwicklung der Psychoanalyse ist die tiefenpsychologisch fundierte Psychotherapie. Bei dieser Methode geht es darum, aktuelle Probleme zu lösen, indem Konflikte aus der Vergangenheit aufgearbeitet werden. Hierbei setzt man auch Techniken aus der klassischen Psychoanalyse ein. Diese Form der Psychotherapie wird bei vielen psychischen Krankheitsbildern angewandt, unter anderem auch bei Angststörungen. Damit diese Therapiemethode erfolgreich ist, muss der Patient bereit sein, an seiner Persönlichkeit zu arbeiten. Er muss auch daran interessiert sein, die Konflikte hinter den Systemen aufdecken zu wollen. Die Konflikte aus der Vergangenheit werden zwar erforscht, jedoch geht der Fokus immer wieder auf die Gegenwart zurück.

SELBSTHILFE METHODEN, UM MIT DER ANGST UMGEHEN ZU LERNEN

Angst-Tagebuch

Das Führen eines Angst-Tagebuches kann sehr hilfreich sein. Angst und Panik sind häufig mit anderen Gefühlszuständen verbunden. Wenn Sie Ihre Gefühle in einem Angst-Tagebuch notieren, lernen Sie, besser mit Ihren Emotionen umzugehen. Schreiben Sie sich auch Situationen auf, die bei Ihnen Angst auslösen.

Akzeptieren

Lernen Sie, Ihre Angst zu akzeptieren. Auf keinen Fall sollten Sie die Angst in der Form verdrängen, indem Sie versuchen, sich zwanghaft davon abzulenken. Schieben Sie die Angst nicht weg und verstecken Sie sie nicht. Werden Sie sich Ihren Ängsten bewusst und nehmen Sie Angst als etwas, was sie ist. Ein ambivalentes, hilfreiches und möglicherweise krankmachendes Phänomen, das allgegenwärtig ist.

Atemübungen

Atmen Sie Ihre Angst ab. Einige Atemübungen haben Sie bereits kennengelernt.

Ausdauersport

Wie Sie schon wissen: Regelmäßiger Sport hilft dabei, Angst und Anspannungen zu reduzieren. Besonders Ausdauersportarten wie Joggen, Radfahren, Walken oder Schwimmen. Also, rauf aufs Rad, fahren Sie los und setzen Sie Endorphine frei.

Name

Es klingt vielleicht lustig, aber geben Sie Ihrer Angst einen Namen. Diese Methode stammt eigentlich aus der Kinderpsychologie, nach der das Kind seinem Schreckensgefühl einen Namen gibt und somit greifbar macht. Wählen Sie den Namen Ihrer Angst intuitiv und ohne, dass Sie an jemand Bestimmten denken. Ob Horst, Klaus oder Gertraud ist nebensächlich, wichtig ist nur, dass Sie die Angst benennen und sie sich dadurch „anfassen“ lässt. Sie können dann zum Beispiel sagen „Der Horst muss heute mal draußen warten“ oder „Die Gertraud soll sich endlich verabschieden“. Der Sinn dahinter ist, dass Sie Ihre Angst dadurch besser fassen können und sie den Schrecken verliert. Dadurch nehmen Sie Ihrer Angst die Macht.

SELBSTWERT STEIGERN

Eine selbstbewusste Ausstrahlung benötigt eine bestimmte Einstellung zu sich selbst. Wie erfolgreich wir in der Liebe oder im Job werden und wie wir mit Herausforderungen umgehen, hängt davon ab, wie wir uns selbst beurteilen. Wenn wir ein gesundes Selbstwertgefühl besitzen, dann sind wir auch davon überzeugt, uns selbst und unsere Umwelt beeinflussen zu können. Beeinflusst wird unser Selbstwertgefühl stark oder weniger stark durch Anerkennung unserer Mitmenschen, da wir deren Wertschätzung wünschen. Für einen Menschen mit schwachem Selbstwertgefühl liegen die Gründe oftmals in der Kindheit. Der Mangel an respektvollem Umgang der Eltern mit ihrem Kind, welchem sie eigentlich Liebe und Zuneigung entgegen bringen sollten, schadet auf lange Sicht dem Selbstwertgefühl des heranwachsenden Kindes. Das Kind bekommt dadurch das Gefühl, dass irgendetwas mit ihm nicht stimmt und dies wirkt sich manchmal auf sein ganzes Leben aus. Die Folgen sehen meistens so aus, dass wir unser Leben lang unter unseren Möglichkeiten bleiben und unsere Ziele nicht erreichen bzw. uns erst gar keine Ziele setzen, weil wir es uns sowieso nicht zutrauen. Wir bleiben gerne in unserer Komfortzone und vermeiden neue ungewohnte Situationen.

Ein sehr bekanntes und weit verbreitetes Symptom eines geringen Selbstwertgefühls ist der Selbstzweifel. Die innere Stimme fühlt sich dabei an wie der strenge Elternteil, der einen ständig runtermacht und alles kritisiert. Typisch für starke Selbstzweifel sind folgende Punkte:

- Wir halten uns ständig nur unsere eigenen Schwächen vor Augen und sind kaum in der Lage an unsere positiven Seiten zu denken.
- Wir haben Probleme damit, Komplimente von Mitmenschen anzunehmen.
- Es fällt uns oft schwer, schöne Momente im Leben wirklich zu genießen.
- Wir fühlen uns nicht wohl dabei, im Mittelpunkt zu stehen, da wir davon ausgehen, von den Menschen um uns herum abgelehnt zu werden.
- Wenn Freunde uns nicht zurückrufen, beziehen wir das oft auf uns selbst, weil wir denken, etwas falsch gemacht zu haben.
- Wir sind ständig auf der Suche nach Beweisen für unsere Unzulänglichkeiten.

Typische Glaubenssätze für ein schwaches Selbstwertgefühl sehen zum Beispiel so aus:

- Niemand mag mich.
- Ich werde sowieso scheitern.
- Das wichtigste ist, was andere über mich denken.
- Dafür bin ich schon zu alt.
- Das habe ich sowieso nicht verdient.
- Ich bin ein Opfer.
- Dafür bin ich nicht klug und schön genug.

Einige Menschen neigen schließlich dazu, ihre Selbstsicherheit vorzugaukeln. Durch übertriebene Verteidigungsstrategien versuchen sie, ihre Selbstzweifel zu kompensieren. Doch die Mitmenschen erkennen diese geheuchelte Selbstsicherheit oftmals und nehmen dieses Verhalten als unsympathisch wahr. In der heutigen schnelllebigen Zeit mit all den sozialen Netzwerken versuchen wir leider auch immer wieder, uns mit anderen Menschen zu vergleichen. Sehen wir Bilder von erfolgreichen oder schönen Menschen in den Medien, dann spornt uns das nicht an, sondern lässt uns in vielen Fällen eher neidisch und missgünstig werden. Für unser Selbstwertgefühl sind wir jedoch selbst verantwortlich, daher können nur wir selbst daran arbeiten, es zu verbessern. Nachfolgend werden Ihnen ein paar Strategien ans Herz gelegt, mit welchen Sie Ihr Selbstwertgefühl stärken können. Wichtig zu wissen ist, dass Sie Ihr Selbstwertgefühl nicht einfach so innerhalb von fünf Minuten verbessern, sondern dass es ein Prozess ist, der einige Wochen oder vielleicht Monate dauert. Aber Sie müssen dran bleiben und Stück und Stück werden Sie erste Erfolge erkennen!

Komplimente annehmen
Schrecken Sie nicht zurück, wenn ein anderer Mensch Ihnen ein Kompliment macht. Versuchen Sie nicht mit aller Macht dieses Kompliment abzuwehren, weil Sie vielleicht denken, dass es nicht ernst gemeint war.

Aufhören, sich zu vergleichen
Ständige Vergleiche mit anderen Menschen machen uns auf Dauer unglücklich und fördern unsere Selbstzweifel. Hören Sie auf mit solchen Fragen wie „Warum kann ich nicht so erfolgreich sein wie er?“, oder „Warum kann ich nicht mal so viel Glück haben wie sie?“. Letztlich kommen Sie meistens nur zu dem Schluss, dass Sie wahrscheinlich etwas falsch machen oder es nicht verdient hätten, glücklich zu sein.

Ihre eigenen Stärken erkennen

Anstatt immer auf Stärken und Erfolge der Mitmenschen zu schauen, fangen Sie einfach mal damit an, Ihre eigenen Stärken zu betrachten. Jeder Mensch kann etwas! Führen Sie sich einmal konkret vor Augen, was Sie wirklich gut können und worauf Sie stolz sein können? Wenn Sie genau darüber nachdenken, dann werden Ihnen einige Dinge einfallen, welche Ihnen sonst gar nicht bewusst sind. Falls Ihnen tatsächlich nichts einfällt, dann fragen Sie doch mal Ihre Eltern, Geschwister und Freunde danach.

Erfolgserlebnisse kreieren

Tag für Tag kleine Erfolge zu feiern wird Ihr Selbstwertgefühl stärken. Versuchen Sie sich dabei realistische Ziele zu setzen, welche Sie wirklich erreichen können. Notieren Sie regelmäßig Ihre Erfolge in einem Tagebuch oder Erfolgsjournal. Indem Sie zum Beispiel im Job einen neuen Vorschlag einbringen und somit die Aufmerksamkeit Ihres Chefs erhalten, motiviert Sie das dazu, sich neuen Herausforderungen zu widmen.

Die Perspektive wechseln

Wenn Ihnen ein Missgeschick passiert ist, Sie etwas falsch gemacht haben und sich als Versager fühlen, wechseln Sie in die Perspektive eines Freundes, der Sie trösten würde. Denken Sie daran, dass, wenn einem Freund von Ihnen das Gleiche passiert wäre, Sie ihm ganz sicher nicht erzählen würden, welch ein Versager er ist. Sie würden versuchen, ihn zu besänftigen und empathisch auf ihn einzuwirken. Wenn Sie die Perspektive eines Freundes einnehmen und empathisch mit sich selbst umgehen, werden Sie in der Lage sein, die Situation objektiver zu betrachten, ohne wieder zu hart mit sich selbst ins Gericht zu gehen.

Ihren Mitmenschen helfen

Anderen Menschen zu helfen gibt uns ein gutes Gefühl und erfüllt uns mit Freude. Wenn Sie sich selbst mies fühlen oder Probleme haben, sind Sie doch auch dankbar, Hilfe von Mitmenschen zu erhalten. Nach dem Motto „Geben ist seliger denn Nehmen“ werden Sie Ihr Selbstwertgefühl dadurch ganz leicht aufpolieren.

Positive Kontakte

Suchen Sie die Nähe zu positiv eingestellten Menschen, denn das färbt ab. Wenn Sie sich ständig mit miesgelaunten Leuten umgeben, wird Ihre Stimmung sich definitiv nicht verbessern, im Gegenteil, Sie lassen sich durch das Nörgeln sogar anstecken. Genauso läuft es umgekehrt, wenn Sie in Kontakt mit positiven Menschen kommen.

Den Spaß nicht vergessen

Tun Sie so oft es geht Dinge, die Ihnen Spaß machen. Wenn Sie Spaß haben, wächst Ihre innere Zufriedenheit und Sie denken nicht mehr so sehr an Ihre Schwächen.

Kein Mensch ist weniger wert als ein anderer. Auch Sie nicht. Falls Sie dieses Gefühl plagt, dann fangen Sie an, Ihr Selbstwertgefühl zu stärken. Haben Sie keine Angst vor Ihrer eigenen Unzulänglichkeit, sondern glauben Sie an sich selbst und trauen Sie sich etwas zu.

SOS ÜBUNGEN BEI PANIKATTACKEN

Die Erste-Hilfe Tipps sind nicht dazu gedacht, dass Ihre Ängste für immer verschwinden. Das funktioniert mit diesen Maßnahmen natürlich nicht. Und darum geht es auch gar nicht. Sie sollen hier lediglich einige nützliche Tools bekommen, die im Akutfall angewendet werden können und die Fokussierung auf die Angst ein wenig mildern.

Ablenken

Wenn Sie sich in einer akuten Panikattacke befinden, ist es ganz wichtig, dass Sie Ihre Aufmerksamkeit nicht auf die aktuelle Situation und Angst lenken. Fokussieren Sie sich stattdessen auf etwas Schönes. Denken Sie an Ihren letzten Urlaub oder stellen Sie sich vor, wohin die nächste Reise geht.

Atmen

Atemtechniken können sehr hilfreich sein, um eine aufkommende Panik früh genug und selbst abzufangen bzw. mit Panikattacken selbstwirksam umzugehen. Das Atmen bei einer Panikattacke stellt das Gleichgewicht von Sauerstoff und Kohlendioxid wieder her.

- Atmen Sie tief ein
- Halten Sie den Atem an und zählen Sie bis fünf
- Noch einmal kurz einatmen
- Langsam ausatmen
- Wiederholen Sie diesen Vorgang einige Male

Essen und Trinken

Ein sehr effektiver Trick bei einer Angstattacke ist, ein paar Schluck Wasser zu trinken, Kaugummi zu kauen oder ein paar Nüsse zu essen. Durch das Trinken wird die Atmung automatisch verlangsamt. Das Kauen von Kaugummi lindert die Panikattacke, weil das Kauen das Stresslevel abbaut. Auch Nüsse zu essen reduziert die Angst und baut Stress ab.

PMR

Die Progressive Muskelentspannung haben Sie bereits kennengelernt. Sie ist eine sehr wirkungsvolle Methode bei einer akuten Panikattacke.

Selbstgespräche

Es mag lustig erscheinen, aber Selbstgespräche können bei einer Panikattacke durchaus hilfreich sein. Sagen Sie sich mehrmals laut „Alles ist gut“ oder „Gleich ist es vorbei“.

Schmerzen

Es hört sich merkwürdig an, aber der Sinn dahinter ist ganz simpel. Durch das Zufügen von Schmerz beschäftigt sich der Körper erstmal mit dem Reiz „Schmerz“. Dadurch, dass er diesen Reiz verarbeiten muss, wird er von der Panikattacke abgelenkt. Sie müssen sich jetzt nicht mit einem Messer schneiden, es reicht ein ganz leichter Schmerz. Kneifen Sie sich oder treten Sie sich auf die Zehen.

SCHLUSSWORT

Dieser Ratgeber sollte Ihnen das Thema „Angst“ ein wenig näher gebracht haben. Sie sollen erkennen, dass es durchaus Möglichkeiten gibt, angstfrei oder zumindest angstreduziert zu leben. Und vor allem: Sie sind nicht alleine. Es ist wichtig zu wissen, dass Sie nur eine „seelische Störung“ haben, die Sie nicht vital bedroht. Bei Angststörungen gibt es gute Behandlungsaussichten und eine günstige Prognose. Wenn Sie von Ihrem Arzt ein verschreibungspflichtiges Medikament verordnet bekommen, wird er Ihnen auch eine Psychotherapie nahelegen. Denn Tabletten allein lassen Ihre Angst und die Ursachen nur so lange „verschwinden“, wie Sie die Psychopharmaka einnehmen. Aus diesem Grund ist es wenig sinnvoll, Ihre Ängste nur mit Medikamenten behandeln zu wollen.

Die Therapie bei Angststörungen wird im Normalfall auf zwei Säulen aufgebaut. Zum einen die Pharmakotherapie (Medikamentöse Therapie) und zum anderen die Psychotherapie. Zusätzlich gibt es Methoden, die Ihnen dabei helfen können, die Ängste zu verringern. Seien es beispielsweise die Meditation, Atemübungen oder die Progressive Muskelentspannung nach Jacobsen. Welche Methode genau Ihnen helfen kann, müssen Sie selbst herausfinden. Probieren Sie die Techniken aus, die Sie ansprechen.

„Angst liegt nie in den Dingen selbst,
sondern darin, wie man sie betrachtet.“
– Anthony de Mello –

Taschenbuch: https://amzn.to/2WTCl9r

eBook: https://amzn.to/3apQvTM

LOSLASSEN LERNEN

Wir Menschen behalten gerne unsere Routinen, weil wir die Veränderungen des Lebens fürchten. Einen geliebten Partner, eine gute Beziehung oder einen negativen Gedanken an die Vergangenheit loszulassen fällt uns daher oftmals sehr schwer. An solchen negativen Gefühlen zu klammern kann uns jedoch auf Dauer psychische Probleme bereiten, die sich in vielen verschiedenen Symptomen wiederspiegeln. Die Entwicklung unserer Persönlichkeit gerät ins Stocken, da wir gedanklich und gefühlsmäßig in der Vergangenheit festsitzen.

Das Loslassen kann unsere Seele von dem ganzen Ballast befreien, den wir über lange Zeit mit uns herumgeschleppt haben. Die Akzeptanz ist ein Schlüsselelement im Prozess des Loslassens. Die Erlebnisse und Gegebenheiten zu akzeptieren hilft uns dabei, uns von negativen Gefühlen zu lösen und unseren Geist frei zu entfalten.

In diesem Buch lernen Sie u. a. mit Hilfe von

- Akzeptanz
- Vergebung
- Gelassenheit
- Positives Denken
- Affirmationen

wie Sie nicht nur Ihre Vergangenheit loslassen, sondern gleichzeitig auch Ihr Selbstwertgefühl steigern!

Taschenbuch: https://amzn.to/3722QLA

eBook: https://amzn.to/2ve7f0r

RESILIENZ TRAINIEREN

Resilienz: die psychische Widerstandsfähigkeit.

Jeder Mensch erleidet in seinem Leben Rückschläge. Der Verlust eines geliebten Menschen oder der verloren gegangene Arbeitsplatz. Selbst im Alltag können uns kleinste Schwierigkeiten aus der Bahn werfen.

Wie wir mit solchen Problemen umgehen, hängt davon ab, wie resilient wir sind. Diese Fähigkeit muss aber nicht zwangsläufig angeboren sein. Wir können sie erlernen. Meistens helfen sogar negative Erlebnisse, diese Fähigkeit zu verbessern.

In diesem Buch lernen Sie, was Resilienz genau bedeutet und wie Sie eine innere Stärke aufbauen, um schwierige Situationen besser meistern zu können.

Taschenbuch: https://amzn.to/2H0Lsfq

eBook: https://amzn.to/2Sm38HL

EMOTIONALE INTELLIGENZ

Glück und Erfolg im Leben stellen sich ein, wenn sich die Gefühle und die Gedanken miteinander im Einklang befinden. In diesem Fall spricht man von „Emotionaler Intelligenz“. Der richtige Umgang mit Stress und negativen Gefühlen spielt in dieser Hinsicht eine große Rolle.

In diesem Buch lernen Sie einige Methoden kennen, mit denen Sie in der Lage sein werden:

- Ihre eigenen Gefühle zu kontrollieren
- Achtsamer mit sich selbst umzugehen
- Empathischer im Umgang mit Ihren Mitmenschen zu agieren

Lernen Sie Ihre Gefühlswelt besser kennen. Meistern Sie Ihre Emotionen und Sie werden ein glücklicherer Mensch!

GESCHENK

Wenn Sie sich mit der Macht des positiven Denkens vertraut machen möchten, lege ich Ihnen nun mein Gratis eBook ans Herz. Um dieses eBook zu erhalten, senden Sie bitte eine e-Mail an lifewiss@gmail.com mit dem Inhalt: "Ängste überwinden - Positives Denken". Ihr Geschenk wird Ihnen dann innerhalb von 24 Stunden zugeschickt!

HAFTUNGSAUSSCHLUSS

Die Umsetzung aller enthaltenen Informationen, Anleitungen und Strategien dieses Buches erfolgt auf eigenes Risiko. Für etwaige Schäden jeglicher Art kann der Autor aus keinem Rechtsgrund eine Haftung übernehmen. Für Schäden materieller oder ideeller Art, die durch die Nutzung oder Nichtnutzung der Informationen bzw. durch die Nutzung fehlerhafter und/oder unvollständiger Informationen verursacht wurden, sind Haftungsansprüche gegen den Autor grundsätzlich ausgeschlossen. Ausgeschlossen sind daher auch jegliche Rechts- und Schadensersatzansprüche. Dieses Werk wurde mit größter Sorgfalt nach bestem Wissen und Gewissen erarbeitet und niedergeschrieben. Für die Aktualität, Vollständigkeit und Qualität der Informationen übernimmt der Autor jedoch keinerlei Gewähr. Auch können Druckfehler und Falschinformationen nicht vollständig ausgeschlossen werden. Für fehlerhafte Angaben vom Autor kann keine juristische Verantwortung sowie Haftung in irgendeiner Form übernommen werden.

URHEBERRECHT

IMPRESSUM

1. Auflage

Kontakt:
Joel Ludwig
Tegelbusch 23
26180 Rastede

Printed in Poland
by Amazon Fulfillment
Poland Sp. z o.o., Wrocław

16749198R00058